원효의 『금강삼매경론』 읽기

— 선禪의 철학, 철학의 선禪 —

세창명저산책_021

원효의 『금강삼매경론』 읽기

초판 1쇄 인쇄 2014년 5월 20일
초판 1쇄 발행 2014년 5월 25일
–
지은이 박태원
펴낸이 이방원
기획위원 원당희
편집 조환열·김명희·안효희·강윤경
디자인 손경화·박선옥
마케팅 최성수
–
펴낸곳 세창미디어
출판신고 2013년 1월 4일 제312-2013-000002호
주소 120-050 서울시 서대문구 경기대로 88 냉천빌딩 4층
전화 02-723-8660
팩스 02-720-4579
이메일 sc1992@empal.com
홈페이지 http://www.sechangpub.co.kr/
–
ISBN 978-89-5586-204-1 03150

이 도서의 국립중앙도서관 출판시도서목록(CIP)은 서지정보유통지원시스템 홈페이지(http://seoji.nl.go.kr)와
국가자료공동목록시스템(http://www.nl.go.kr/kolisnet)에서 이용하실 수 있습니다.
CIP제어번호: CIP2014015525

세창명저산책_021

선禪의 철학, 철학의 선禪

원효의 『금강삼매경론』 읽기

박태원 지음

세창미디어

머리말

선禪의 새로운 길라잡이

고전의 언어를 오늘의 언어에 옮겨 담는 일은 심화된 종합역량을 요구하는 지난한 작업이다. 특히나 고도의 철학적 영성을 담은 원효의 언어를 오늘의 언어로 풀어내는 '원효 읽기'는 심히 버겁다. 그러나 원효의 매력에 홀린 학인들에게는 언제나 설레는 과제이기도 하다. 원효의 그 강력한 흡인력에 넋을 빼앗겨, 초라한 역량을 잊고 이번에는 『금강삼매경론』을 통해 그와 만나보았다. 『원효, 하나로 만나는 길을 열다』(한길사, 2012), 『십문화쟁론 — 번역과 해설 그리고 화쟁의 철학』(세창출판사, 2013)에 이은 원효 읽기 연작인 셈이다. 나름으로는 학문적 전문성을 교양지성 눈높이에 맞추어 풀어보려는 의지의 산물들이지만, 언제나 의

4

욕이 살림살이를 너무 앞선다.

『금강삼매경』이라는 난해한 불경이 있다. 이 문헌은 한국인들과 특별한 인연이 있다. 현재까지 확인되는 자료로 볼 때, 이 경전은 7세기 어느 즈음 한반도에서 최초로 모습을 드러낸다. 여러 자료와 정황으로 볼 때, 7세기 한반도 지성(들)의 작품으로 보인다. 이 문헌의 등장에 관한 한국 기록(『삼국유사』)과 중국 기록(『송고승전』)에 따르면, 뒤섞여 있는 내용들을 체계적으로 편집한 사람은 대안大安이고, 대안의 편집본을 받아 곧바로 해설서인 『금강삼매경론』을 지은 이는 원효다. 현재 가장 타당성 높은 추정은, 대안과 원효, 혹은 이들과 사상적으로 밀접한 관계를 맺고 있던 일군의 한반도 지성들이 이 경전의 저자들이다. 내 추정으로는, 원효는 이 공동저술 작업에 어떤 형태로든 참여하였을 뿐 아니라, 그의 역할과 비중은 중심부에 자리하였을 것이다. 『금강삼매경론』을 읽다보면 어쩔 수 없이 품게 되는 확신 같은 추정이다.

편집자로 기록된 대안은 7세기 한반도 종교계의 기인이다. 서민들의 애환이 원색적으로 넘실대는 저잣거리에서,

구리로 만든 커다란 밥그릇을 목탁 삼아 두드리며 "우리 크게 쉽시다. 크게 쉽시다大安. 大安"라며 돌아다니는 것이 그의 일과였다고 한다. 그래서 사람들이 그를 '대안' 성자라 불렀단다. 그에 관한 기록은 이것이 전부다. 저술도 알려진 바가 없다. 행적으로 보아선 도저히 먹물 잔뜩 머금은 지식인으로 보기 어렵다. 그러나 그런 저잣거리 기인이, 아직도 그 깊이를 헤아리기가 어려운 보편통찰들이 절정을 구가하던 7세기의 고급 언어와 논리들을 난해한 수준으로 종합하고 있는 『금강삼매경』의 편집자로 등장한다. 진귀한 풍경이 아닌가.

원효는 또 어떤가. 생전에 이미 한·중·일 삼국의 전설이 된 거리의 성자, 희대의 천재, 수준을 헤아리기 어려운 영성이다. 유학 길 도중에 어떤 체득이 생겨 '굳이 갈 필요 없겠네'라며 자신 있게 발길 돌리고, 국가의 기둥감 인재 낳게 할 수 있다고 떠벌리다가 과부 공주와 혼인하여 설총을 낳고는 참회하며 승복 벗은 구도자. 거사로 살면서도 치열하게 공부하고 수행 줄 놓지 않으며 향상의 길을 질주한 도도한 장강. 자기 살림살이 널리 공유하겠다며 춤추고 노래

하면서 저자거리를 휘저은 불덩이. 홀로 선정에 잠기며 세상을 괄호 치던 굳건한 대지. 언어의 격랑을 붓 한 필로 포섭해 낸 바다. 분황사에서 화엄경 해설서를 쓰다가 문득 붓을 던지고 거리로 나서더니, 『금강삼매경』을 놓고 다시 붓을 들어 일생의 공력을 다 쏟아붓고는 토굴 같은 절穴寺에서 보임保任하다 훌쩍 세상을 뜬 바람. 용광의 열혈, 천둥의 기개, 바다의 넉넉함, 새벽 햇살의 밝음과 온기를 한 몸에 품은 거리의 성자. 그가 원효다.

7세기 한반도는 그렇게 내, 외공 탄탄한 거리의 성자들이 활보하고 있다. 혈통에 의한 신분차별, 땅 따먹기 전쟁에 끌려나와 피의 강물에 떠내려가던 민초들, 승자의 오만과 허영, 패자의 고통과 절망, 재물과 권력의 쏠림과 소외 속에서, 함께 잘 살 수 있는 길 열어보자며 거리를 누빈 성자들이었다. 지금은 누가 그 거룩한 계보를 잇고 있는가.

『금강삼매경론』은 원효의 말기 저술이며, 최후 저술일 가능성이 매우 높다. 사상을 형성하고 실천해 가는 구도자에게 말기 저술은 각별한 의미를 지닌다. 말기 내지 최후 저술에는 일생의 관심사와 탐구결과가 결산되기 마련이기 때문이다. 그런 점에서 『금강삼매경론』은 원효사상 탐구에서 특별한 주목을 받기에 충분하다. 『금강삼매경론』이 더욱 주목되는 이유는, 해설 대상인 『금강삼매경』이라는 문헌이 기본적으로 선禪에 관한 관점을 천명하는 선적禪籍이고, 따라서 『금강삼매경론』은 선禪에 관한 원효의 관점을 드러내기 때문이다. 『금강삼매경론』은 원효의 선 탐구와 수행 결실이 총괄적으로 수렴된 선관禪觀을 담아내고 있다. 원효 선학禪學의 결산인 셈이다.

『금강삼매경론』을 이렇게 원효 선학의 완결이라는 시선으로 보면, 원효 사상에 대한 탐구가 새로운 전기를 맞이하게 된다. 원효 사상에서 선사상이 차지하는 지위와 의미, 원효 선사상의 내용과 특징 등을 정밀하게 탐구해야 할 필요성이 고조된다. 특히 선禪사상사 전체를 염두에 두고 원효의 선사상이 지니는 의미를 음미할 필요가 있다. 종래의 선학 탐구는 니까야의 정학定學과 선종 선학에 집중되어 있고, 대승의 선학은 천태나 유식학으로 대체하는 경향이 있다. 그리고 선종 유입 이전의 한반도 불교인들이 탐구하고 실천한 선사상과 수행론 및 수행법에 대해서는 아직 탐구 내용이 빈약한 형편이다. 이러한 정황에서 원효의 선학은 종래의 선학 탐구와 이해의 편향성을 보정하고 선사상사의 공백을 상당 부분 채워줄 수 있을 것이라는 기대를 품게 한다. 『금강삼매경론』을 통해 원효 선학의 체계와 내용을 읽어내는 작업에 힘을 싣게 되는 소이가 여기에 있다.

『금강삼매경』은 삼매를 경전 제목으로 삼을 정도로 선禪에 관심을 집중시키고 있다. 니까야 문헌 이래 선 관련 경전들은 주로 사마타samatha, 止와 위빠사나vipasanā, 觀를 축으로 삼아 그 내용을 구성하고 있다. 그리하여 선 관련 경전들은 통상적으로 사선四禪과 같은 선정의 내용이나 심리적 상태, 삼매를 성취하는 방법 등을 주된 내용으로 삼는다. 그런데 『금강삼매경』은 이러한 관행에 비추어 볼 때 매우 이색적인 내용구성과 체계를 취하고 있다.

대안이 그 구성 체계를 편집했다고 하는 『금강삼매경』, 그리고 원효가 해설한 『금강삼매경론』은, 삼매 성취의 선禪 수행과 그 의미를 대승불교의 불교철학적 핵심 개념들과 결합시킴으로써, 선의 철학적 완결체계를 제시하고 있다. 삼매와 선 수행에 대한 이러한 시도는 그 이전과 이후를 통틀어 불교사상사에서 유례를 찾기 어려울 정도로 특이한 사례다. 그리고 사례의 희소성 때문이 아니라 그 내용 때문에, 『금강삼매경』과 『금강삼매경론』이 시도하는 선의 철학적 체계화는 각별한 의미를 지닌다.

『금강삼매경』이 '삼매'를 전면에 부각시키고 있는 만큼, 『금강삼매경』이 한반도에서 찬술된 것이라면, 원효시대 7세기 한반도 불교계에는 선禪을 주요 관심사로 설정하는 정황이 발생하였다는 추정이 가능하다. 그리고 『금강삼매경』 찬술자(들)가 이러한 문제의식을 지니게 된 배경에는, 당시 새롭게 대두하는 선종의 태도와 주장이 일정한 영향을 끼쳤을 가능성이 있다. 한반도 불교계의 내적 역량과 중국 초기선종의 등장이라는 외적 상황이 맞물리면서, 선禪을 주제로 하여 선에 대한 관점을 불설佛說의 권위를 빌려 천명하려는 문제의식과 태도가 『금강삼매경』의 찬술로 구현되었다고 생각한다. 그리고 『금강삼매경』 찬술자(들)가 지녔던 문제의식의 한 초점은, '선禪의 철학적 근거를 체계화시키는 것'이었다고 본다.

7세기 한반도 불교인들은 새로운 불교운동인 초기선종

의 등장을 계기로 선의 교학적·철학적 토대를 확립하려는 문제의식을 지녔고, 그리하여 그들이 소화하고 있던 불교 이론들을 통합적으로 엮어 '선의 철학적 기반을 정초定礎하려는 작업'에 착수하였으며, 그 결실이 『금강삼매경』이었을 것이다. 그리고 이 과정에서 대안과 원효는 직·간접으로 주도적 역할을 하였을 것이다. 또한 『금강삼매경』 찬술자(들)에 원효가 직접 포함될 가능성도 배제할 필요나 근거가 없다. 『금강삼매경』 찬술 과정에서의 원효 역할은 상상 이상으로 깊숙한 것일 수도 있다.

『금강삼매경』의 찬술 배경을 이렇게 추정한다면, 『금강삼매경』 및 『금강삼매경론』을 읽는 초점이 분명해진다. 필자는 『금강삼매경』과 원효의 『금강삼매경론』을, '선禪의 철학적 정초'라는 맥락에서 읽을 것이다. 이것은 『금강삼매경』 및 『금강삼매경론』을, '선의 교학적, 철학적 토대 구축을 위한 체계구성' 혹은 '선과 교, 선과 철학의 통합체계 구성'이라는 맥락에서 읽겠다는 것을 의미한다. 그리고 이러한 읽기는, 원효시대인 7세기 한반도 불교계의 사상사적 의미와 원효 사상 및 선 사상사 등에 새로운 면모를 추가할 수 있다는 전망을 품고 있다.

『금강삼매경』과 『금강삼매경론』은 '선의 철학'을 밝히는 동시에 '철학의 선'을 세우고 있다. 선의 철학적 근거와 이론체계를 수립하여 선의 지적 기초와 전망을 제공하는 '선의 철학'을 보여주는 동시에, 그 '선의 철학'이 단순한 지적 지평 열기에 그치지 않고 선 수행의 범주에 포섭되어 새로운 실존 지평을 여는 '철학의 선'으로 전변轉變되는 길을 열고 있다. 교학과 철학이 선에 합리적·이론적 기초를 제공하여 선의 언어 몸집을 탄탄하게 하는 동시에, 선이 교학과 철학에 생명을 불어넣어 그들을 살아 있는 언어로 만들고 있다. 이것은 종래 선종의 맥락에서 탐구되던 선학과는 그 성격과 내용을 달리한다. 바로 이 지점에서 『금강삼매경』/『금강삼매경론』 선학의 특별한 의의가 수립된다. 『금강삼매경』/『금강삼매경론』의 선학과 선종의 그것을 결합시키면, 불교 정학定學을 탐구하고 파악하기 위한 더 넓고도 명확한 길이 드러날 것이라 전망한다.

『송고승전』과 『삼국유사』가 전하는 『금강삼매경』 및 『금강삼매경론』의 한반도 등장 이야기는, 한국사상사에서 그

의미나 무게에 있어서 가장 빛나는 한 정점이 아닌가 싶다. 7세기 한반도 지성의 고도화된 역량과 그 보편지혜의 수준을 고도의 언어에 응집시킨 문헌, 그 문헌 형성에 개입한 한반도의 인적, 사상적, 문화적, 역사적 조건들은, 생각할수록 매력적 상상의 나래를 펼치게 한다.

『금강삼매경』/『금강삼매경론』이 지니는 가치와 의미는, 불교교학의 모든 역사, 특히 선불교 및 한국 불교사상사를 재음미하고 재구성하는 작업에 적극적으로 개입할 수 있을 것으로 전망한다. 특히 오랫동안 격리된 채 독자성을 축적시켜 왔던 남방과 북방의 선관禪觀을 통섭通攝적으로 소화하고 결합시켜 갈 수 있는 중요한 단서들이 담겨 있다고 생각한다. 『금강삼매경』/『금강삼매경론』은 한반도에서 건축된 영성적 선禪철학의 눈부신 보배궁전이다. 그 보물을 분수껏 열람하는 지복至福을 누리게 해 준 모든 인연에 경배한다.

제1장

원효라는 인물과 사상

원효元曉, 617-686가 남긴 글들을 읽다보면, 현학적일 정도로 현란한 언어임에도 불구하고, 읽는 사람의 생각을 장악하여 끌고 가면서 사유 지평을 툭 터주고 훌쩍 높여주는 강한 힘을 느끼게 된다. 그와 동시대의 불교 언어들은 물론, 한껏 유식해지고 똑똑하며 정교해진 오늘의 불교 언어 속에서도 그런 힘을 갖는 언어를 만나기란 흔치 않다. 자신이 만난 세계 지평을 그대로 새겨가는 그의 언어는 펄펄 살아 뛰논다.

방대한 대·소승경론을 통해 붓다의 지혜를 읽어내는 원효의 안목과 성과는 실로 경이로운 수준이다. 게다가 그는 자신의 언어대로 걸어간다. 현존 자료들에서 엿보이는 그의 생애는 자신의 언어를 그대로 담아내려는 진정성과 치열함으로 가득하다. 그와 비견될 내·외공을 구사할 수 있는 후학의 등장이 어려워 보일 정도다.

이칭異稱, 진찬眞撰 여부 등을 감안할 때, 대략 80여 부 200여 권이 확인되는 그의 저술의 양과 질은 당시 동아시아를 통틀어 가히 최고 수준이다. 양으로만 보아도 한반도에서 그를 능가하는 경우가 없을 뿐 아니라, 중국의 대저술가였던 천태 지의智顗, 538-597(30여 부)나 화엄 법장法藏, 643-712(50여 부), 법상 규기窺基, 632-682(50여 부)도 원효에 비견되기 어렵다. 그의 80여 종 저서 중에서 완본으로 전하는 것이 13종, 잔본殘本이 8종이다. 잔본까지 합하여도 21종 저서가 현존하는 셈이다. 일실逸失된 저술들이 너무 많아 안타깝다.

원효의 일생 행보를 구체적으로 알려주는 자료는 더더욱 빈약하다. 원효 사후 약 120년경에 만들어진 '서당화상비誓幢和上碑'(9세기 초), 중국 찬녕贊寧, 918-999의 기록인 '신라국황룡사 원효전'新羅國黃龍寺元曉傳, 『宋高僧傳』卷4, 그리고 고려 일연一然, 1206-1289의 『삼국유사』가 전하는 '굴레를 벗은 원효'元曉不羈,

『三國遺事』卷4가, 그의 생애를 전하는 세 가지 전기이다. 이들은 원효의 삶을 증언하는 중요한 자료이기는 하지만, 원효의 행적에 관해서는 매우 제한된 정보만을 제공하고 있다. 이들 전기 및 산재한 원효 관련 기록들을 종합하여 조각 맞추듯 그려보아도, 그의 행적의 많은 부분은 모습을 감추고 있다.

소년 때 출가하여 여러 스승을 찾아다니며 치열하게 수행하였고, 지음知音의 도반 의상義相, 625-702과 함께 당나라 유학을 시도하다가 자신감이 생겨 그만 두었으며, 서민 대중들에게는 신뢰와 희망의 대상이었고, 권력과 제도권 승려들에게는 불편하면서도 경외의 대상이었던 인물. 왕족 과부와 결혼하여 신라 십현十賢의 한 사람이 된 설총薛聰을 낳고는 환속하여 비승비속非僧非俗인 거사居士로서 수행하기도 하였던 인물. 특정한 삶의 유형과 진영에 소속되거나 머물지 않으려고 몸부림치듯 내달렸던 인물. 신분이 미천한 대중과 어울리며 그들에게 부처의 길을 알리려고 춤과 노래 등 다양하고도 파격적인 실험을 하였고, 심오한 체득과 혜안을 웅혼한 필력으로 종횡무진 글에 담아내어 당대 최고

수준의 불교지성을 동아시아 전역에 흩뿌렸던 인물. 인도의 불교논리학 대가인 진나Dignāga, 陳那의 문도가 당나라에 왔다가 입수하여 읽고는 감탄하여 산스크리트어로 번역하여 인도에 보냈다는 『십문화쟁론十門和諍論』을 지은 인물. 그와의 밀접한 연관에서 한반도에서 찬술된 것으로 보이는 『금강삼매경』에 관한 최초/최고의 주석인 『금강삼매경론金剛三昧經論』을 저술하여 자신의 불교 탐구와 안목을 총정리하고 있는 인물. 만년에는 토굴같이 누추한 절穴寺에서 수행하다가 그곳에서 삶을 마감하였던 인물. ― 현존하는 원효 관련 기록들에서 포착되는 단면들이다. 그의 삶을 꿰고 있는 극적인 계기들은 설레는 상상력을 자극한다.

그가 살던 시대는 불교를 매개 삼은 고도의 보편적 통찰을 둘러싼 왕성한 탐구들이 절정을 구가하고 있었다. 실체라는 존재론적 환각을 지적知的/논리적 방식으로 해체해 가는 중관中觀의 공空 철학, 실체 관념의 인식적 번식과 그 소멸을 선정禪定 체험의 기반 위에 이론화시키는 유식唯識의 마음 철학이 만개하였고, 대승불교의 공 철학과 마음 철학을 토대로, 불교의 동아시아적 결실인 천태天台, 화엄華嚴, 선禪

20

이 형성 및 대두하던 때였다. 불교 이론과 수행의 가장 고도화된 양상들이 활화산 용암처럼 솟구치고 있었고, 그에 참여한 영성들의 상호 교류와 작용이 거대한 용광로 속처럼 뒤섞이고 있는 시절이었다. 탐구의 결실을 담은 문헌들은 중국대륙에서 등장하자마자 시차 없이 한반도에 유입되고 있었다.

원효는 출가 직후부터 중국에서 유입되는 각종 불교 문헌들을 입수하여 탐구했던 것으로 보인다. 그는 젊은 시절 반고사磻高寺라는 절에 머물면서 영취산(현재 울산 문수산)의 고승 낭지朗智에게 수학한 적이 있는데, 반고사는 울산 태화강 상류에 자리한 절로서 당시 울산(사포)은 태화강을 통해 신라의 국제교류 창구 역할을 하고 있었다. 반고사에 머물던 원효는 유학승이나 사신, 상인들을 통해 중국에서 유입되는 서적들을 쉽게 접할 수 있었을 것이다.

유식 계열의 마음 철학 맥락에서 중관의 공 철학, 본각本覺/시각始覺, 여래장 개념 등을 종합하고 있는 『대승기신론大乘起信論』은, 원효가 다양한 불교이론을 통합적으로 파악할 수 있는 근거를 제공했다. 『대승기신론』이 설하고 있는 '마

음의 두 계열=門'과 '하나로 보는 마음-心'에서 그는 불교이
론의 통합적 토대를 확보할 수 있었고, 이후 이것을 그의
수행과 저술, 실천의 중심원리로 굴리고 있다.

그가 중국 유학을 단념할 수 있었던 자신감을 제공한 특
별한 체득 역시 『대승기신론』의 연장선에 있다. 모든 불교
이론은 경험을 통해 확인해야 할 검증대상인데, 원효는 왕
성한 문헌 탐구를 통해 불교에 대한 방대한 지성적 이해를
축적하는 동시에, 확보한 이해를 직접 경험으로 확인하려
는 수행에도 치열하게 몰입했다. 크고 작은 체득들이 누적
되던 중, 결정적인 체득이 중국 유학길에서 발생한다.

애초에 원효는 의상과 함께, 당시 인도에서 돌아와 새로
운 유식사상을 펼치던 현장玄奘, 602-664 문하에서 최신 학풍
을 직접 배워보고자, 요동을 경유하여 중국으로 가는 육로
로 유학길에 올랐다. 원효 34세, 의상 28세인 650년(진덕여
왕 4년)의 일로 추정된다. 그러나 고구려 수비대에 의해 정
탐자로 오인되어 수십일 동안 구금되어 있다가 간신히 풀
려난다. 그로부터 10년 후, 원효는 다시 의상과 함께 이번
에는 해로를 선택하여 당나라 유학길에 나선다. 그의 나이

45세인 661년(문무왕 1년)의 일이다. 당시 당나라로 가는 신라의 해로海路 기점인 남양만 당항성으로 가는 도중, 지금의 성환과 천안 사이에 있는 직산에서 폭우를 피해 무덤을 토굴로 알고 하룻밤을 보내게 된다. 이 일을 전하는 기록들(『송고승전』/『임간록』/『종경록』)의 내용은 기본 줄거리는 같지만 문헌에 따라 약간의 차이가 있다. '토굴로 알고 잘 때는 편안하다가 무덤인 줄 알고는 귀신이 나타나 놀랐다'라고도 하고『송고승전』, '자다가 갈증이 나 달게 마신 물이, 깨고 나서 보니 해골 물 혹은 시체 썩은 물이었다'라고도 한다『임간록』/『종경록』.

이때 원효는 "마음이 생겨나니 온갖 것들이 생겨나고, 마음이 사라지니 토감과 무덤이 별개가 아니구나"『송고승전』 의상전, "마음이 생겨나니 온갖 것들이 생겨나고 마음이 사라지니 해골이 별개가 아니구나"『임간록』 하면서, '모든 존재와 현상이 결국 마음의 구성이다三界唯心 萬法唯識'는 도리를 직접 확연하게 깨쳤다고 한다. "마음이 생겨나니 온갖 것들이 생겨나고, 마음이 사라지니 온갖 것들이 사라진다心生卽種種法生 心滅卽種種法滅"는 말이 『대승기신론』의 구절이라는 점을 감안하면, 원효는 이미 『대승기신론』을 탐구하였고 무덤 속의 체험에서 『대승기신론』의 도리를 직접경험으로 확인했던 것으로 볼 수 있다.

원효가 『대승기신론』을 읽은 시점이 무덤에서의 깨달음 이후일 수도 있다. 그럴 경우에는, 원효의 이 깨달음 일화는 무덤 속에서의 체득이 『대승기신론』의 도리 그대로였다는 원효 자신의 후일 회고를 반영한 것일 수도 있고, 아니면 원효의 『대승기신론』 주석에 감탄한 사람들이 그 일화에다 『대승기신론』 구절을 결부시킨 것일 수도 있다. 어떤 경우일지라도 원효의 깨달음과 『대승기신론』은 상호 연관되어 있다. 원효사상을 탐구하는 데에 『대승기신론』 및 『대승기신론소·별기』가 중요한 이유를 이 점에서도 확인하게 된다.

원효사상은 그 핵심이 '일심─心('하나로 보는/하나가 된' 마음 국면 혹은 마음자리)'과 '화쟁和諍(언어다툼의 치유)' 그리고 '불이不二(둘 아님. 실체나 본질에 의해 상호 배타적으로 분리되지 않음)'라는 말들로 수렴되고 또 그 말들에서 발산된다. 일심의 지평에서 세계를 '불이'와 '화쟁'으로 만나는 모습을 다채롭게 변주

24

해 가는 것이 원효사상이라 할 수 있다. '불이'와 '화쟁'은 존재 차원에서 '서로에게 열려通' '서로를 수용하고 지지하며 상호 작용하면서 껴안는攝' 것이다. 그리고 그 상호 열림과 상호 껴안음을 가능케 하는 지평을 열어주는 것이, '하나로 보는/하나로 만나는' 마음국면 혹은 마음자리인 '일심'이다. 따라서 원효사상을 압축시켜 정의한다면, '일심 지평에서 화쟁하고 둘 아니게 만나기' 혹은 '일심 지평에서 열고通 껴안기攝'가 된다. 방대한 경론 탐구와 수행을 통해 확보하고, 수많은 저술을 통해 다양하게 변주하던 일심/불이/화쟁의 통섭通攝 철학은, 『금강삼매경론』에서 종합되어 그 난만한 경지를 드러내면서 웅장하게 대미를 장식한다.

제2장

『금강삼매경』과 『금강삼매경론』

『금강삼매경金剛三昧經』은 그 기원과 저자가 아직 신비에 싸여 있는 문헌이다. 현존하는 자료나 문헌연구 성과로 볼 때, 이 경전은 한반도에서 원효 생애의 만년에 등장하였으며, 그 찬술자 내지 찬술집단은 원효 및 대안大安 화상과 인간적, 사상적으로 밀접한 연관이 있는 것으로 추정된다. 원효시대 7세기의 한반도와 동아시아에서 유통되던 거의 모든 주요한 대승불교 이론을 선禪의 기치 아래 통섭적으로 종합하고 있는 『금강삼매경』은, 7세기의 한반도에서 한국불교인(들)에 의해 찬술된 경전으로서 인도나 중국에서 찬술된 『경』들의 반열에 등재된 유일한 사례로 보인다.

『금강삼매경』이 한국인(들)에 의해 찬술된 것이라면, 이 경의 내용을 구성하고 있는 난해할 정도의 고급사상과 논리는 7세기 한반도 불교인들의 수준과 역량이 어느 정도였는지를 증언해 준다.

불교 문헌은 부처의 육성을 비교적 원형대로 보존하는 초기경전(남전 니까야, 북전 아함)과, 사상의 진정성과 불교적 정통성을 표방하기 위해 부처의 육성법문 형식을 빌리고 있는 후기 경전 군群들로 대별된다. 동아시아인들은 이 모든 경전들을 접하였지만, 사상과 논리가 풍부하고 다채로운 내용을 지닌 후기 대승경전들로 일찌감치 관심이 기울어진다. 대승경전들은 고도화된 사상과 논리를 지니고 있어 동아시아 지성들의 철학적 갈증을 해소시켰을 뿐 아니라, 구세救世의 원력을 강하게 표방하면서 대중의 종교적 관심사를 충족시켜 주는 대중 종교성도 지니고 있기 때문이었다.

부처의 육성 법문형식을 취하고 있지만 실제로는 부처의 육성이 아닌 경전들은 문헌학적으로 볼 때 '위경僞經'이라 할 수 있다. 불교의 역사는 이러한 위경들의 지속적 등장으로 발전하고 있다. 위경에 대한 불교도들의 인식은, '계시에 의한 무오류 정전正典의 절대적 지위'와 '가감 내지 변형 불가'를 강조하는 계시종교의 그것과는 사뭇 다르기 때문이다. 부처의 모든 언어는 경험으로 검증 가능하며, 검증해야 할, 경험주의의 맥락에 놓여 있다. 어떤 방법으로도 실존에서 경험적 검증이 불가능한 것은, 탐구와 수행의 대상이 될 수 없는 형이상학적 희론으로 간주하는 것이 부처 이래 불교의 전통이다.

이러한 실용주의적, 경험주의적 진리관으로 인해, 불교 전통은 진리 체득과 구현에 기여하는 언어들의 변형 실험과 변신에 대해 개방적이다. 굳이 부처의 육성이 아니더라도 부처의 가르침이 안내하는 경험에 접속할 수 있게만 한다면, 그 어떤 유형의 언어라도 기꺼이 '부처의 가르침佛法'으로 수용하려는 태도를 보여준다. 부처 이외의 그 누구의 언어라도, 부처가 안내한 것과 동일한 경험적 체득에 접속하게 해주는 것이라면, 모두 대장경에 등재되어 성전의 반열에 오르는 것을 허용한다. 불교의 위경이 지니는 독특한 성격과 위상이 여기에 있다.

문제는 경전 내용의 정합성이다. 수많은 경전들이 보여주는 다양한 내용을 정합적으로 소화해 내는 것은 쉬운 일이 아니다. 특히 부처의 육성법문 형식을 취하고 있는 모든 경전을 부처 한 사람의 육성으로 간주할 수밖에 없었던 고대 불교도들에게는, 동일 주제에 대한 다양한 관점과 다층의 이론은 흔히 상호 모순되거나 충돌하는 것으로 보였기에, 경전의 내용을 정합적으로 읽어낼 수 있는 해석학적 분류이론이 절실하였다. 원효도 시도하고 있는 이 경전 분류이론이 이른바 교판(敎判/敎相判釋, 이론의 특징에 대한 판단과 해석)이다. 동아시아 불교인들은 다양한 교판 이론을 구성하여 모든 경전을 부처의 일관된 일생 법문으로서 체계적으로 분류하여 모든 불경의 의미를 정합적으로 소화해 내려 하였다. 예컨대 교판이론의 대표성까지 확보한 천태의 교상판석에 의하면, 부처는 깨달은 직후 깨달음의 내용을 그대로 언어화한『화엄경』을 설했는데, 너무 어려워 사람들이 받아들이지 못하자 교육적 고려로 가장 쉬운 아함경 종류를 설했고, 다음에는 방등경 종류, 반야경 종류,『법화경』순으로 차츰 이해 수준을 높여 마침내 애초에 설한『화엄경』을 이해할 수 있게 하였다는 것이다.

해석학적 경전 분류이론인 교판은 다양한 불교이론에 대한 차등적 위상부여 작업이기도 하다. 이는 교판이, 다종/다층의 불교이론에 대한 가치평가를 수행할 수 있는 역량을 요청하는 작업이라는 것을 의미한다. 『금강삼매경』과 원효의 『금강삼매경론』은 수많은 불교이론 가운데 핵심 개념들을 중요도에 따라 선별하여 그것들을 일관된 맥락과 의미로써 정합적으로 종합하고 있다. 『금강삼매경』과 『금강삼매경론』이 보여주는 이러한 고도의 이론평가 능력은, 원효가 구성하여 제시하고 있는 교판이론을 함께 고려할 때, 7세기 한반도 불교계의 전위적 고도 역량을 증언하고 있다. 그 시대 한반도 불교계는 중국불교계와 발맞추어 상호 작용하면서 동아시아 사상계를 함께 운영하고 있었다.

중국 찬녕贊寧, 919-1001의 『송고승전宋高僧傳』에 의하면, 이 경전이 세상에 처음 나타난 것은 7세기 중엽 신라 대중불교의 기인奇人 대안 화상의 편집에 의한 것이었고, 그 최초의 강설자는 대안 화상과 깊은 교분이 있었던 신라 불교의 간판 원효였다『宋高僧傳』卷4 義解編 元曉傳, 『大正新修大藏經』卷50, p.730a-b.

7세기 중반까지 동북아 불교권에서 거론되던 불교사상의 거의 모든 유형을 망라하면서 최고급 수준의 선사상을 전개하는 이 경전이 학계의 특별한 주목을 받아온 것은 크게 두 가지 이유에서였다. 하나는, 『금강삼매경』이 중국 초기선종의 성립과 밀접한 관련이 있을 것이라는 추정 때문이다. 달마의 이입사행설二入四行說과 『금강삼매경』 이입설二入說의 상관관계를 주목하면서 출발한 이 논의는, 초기선종과 『금강삼매경』이 맺고 있는 관계를 밝히는 데 초점을 두고 진행되어 왔다. 『금강삼매경』이 주목받아온 또 하나의 이유는, 한국불교의 거인 원효가 이 경에 대한 최초의 주석가이며, 그가 저술한 『금강삼매경론』은 원효 사상의 원숙한 경지를 보여주고 있기 때문이다. 그리하여 원효 사상을 탐구하는 사람들에게는 언제나 『금강삼매경』이 각별한 관심의 대상이 되었다.

사상적 관심과는 별도로 문헌학적 논의도 『금강삼매경』에 대한 관심의 한 초점이 되어 왔다. 중국 초기선종사 연구에 새로운 전기를 제공한 돈황문서의 발굴 이래, 달마의 이입사행설이 『금강삼매경』에 의거하고 있다고 추정한 학자들은 『금강삼매경』을 인도에서 전래된 경전으로 간주했었다. 그러나 미즈노 고겐水野弘元이, 『금강삼매경』에 현장玄奘, 602-664의 경전번역 이후에나 등장하는 용어들[『반야심경』(648년 번역)의 '是大神呪 是大明呪 是無上明呪 是無等等呪'의 四呪, 『유식삼십송』(649년 번역)의 '末那']이 나타난다는 점 등을 논거로 하여, 이 경전이 인도에서 찬술되고 중국에서 한역된 것眞經說이 아니라 중국에서 찬술된 위경이라고 주장하자 사정은 급변하였다.

중국에서 『금강삼매경』이라는 경명은 승우僧祐, 445-518의 『출삼장기집出三藏記集』에 수록된 『신집안공량토이경록新集安公凉土異經錄』에 처음 등장한다. 그러나 그 이후 6, 7세기에 편찬된 여러 경록들에서는 모두 이 경을 '사라진 경闕經'으로 기록했다. 그러다가 지승智昇의 『개원석교록開元釋教錄』(730)에서 『금강삼매경』 2권 혹 1권을 '현존하는 경전목록現存錄'에 편입하였는데, 이후에 편찬된 경록들에서는 이 경을 '현존하는 경전現存經'으로 기록하였다. 이러한 중국의 경전목록집 기록에 따르면, 『금강삼매경』은 4세기 후반에 한역漢譯된 후 일실逸失되었다가 7세기 후반 신라에서 재발견되어 다시 중국으로 유입되었다고 볼 수 있게 된다. 그러나 미즈노 고겐은,『금강삼매경』에 현장 번역 이후에나 등장하는 용어들이 나타난다는 점 등을 논거로, 7세기 후반 신라에서 등장한『금강삼매경』은 중국 목록집에 기록된 경이 아니라 650년 이후에 등장한 위경이라고 판단한 것이다.

미즈노 고겐의 주장은『금강삼매경』이 650년 이후에야 등장한 문헌이라는 추정에 결정적 근거를 제시한 셈이다. 그 후에는, 650년 이후에 등장한 문헌이라는 주장을 수용하면서, 찬술자나 찬술 지역 등 찬술 배경에 관해 다양한 견해가 제시되는데, 중국 찬술설과 신라 찬술설로 구분된다. 중국 찬술설(Walter Liebenthal, 石井公成, 석길암)은『금강삼매경』이 신라에서 최초로 등장했음을 전하는『송고승전』이나『삼국유사』의 명백한 설화를 외면하면서 논거를 구성하는 무리를 범하고 있고 그 논거들 역시 설득력이 약하다. 신라 찬술설의 경우는,『송고승전』「원효전」이나『삼국유사』의 사료적 가치를 주목하면서,『금강삼매경』은 섭론종攝論宗이나 선禪사상 등 당시 중국의 다양한 불교사상을 불설佛說의 권위 아래 회통시키고자 신라의 대안이나 원효 주변의 사람들이 만들어낸 것木村宣彰, 중국 선종 4조인 동산법문계東山法門系 도신道信, 580-651 문하에서 수학하고 귀국한 법랑法朗이 경주의 화엄종 교학파에 대한 도전적 의미로서 동산법문을 전파하고자 『금강삼매경』을 찬술하였을 것(Robert. E. Buswell), 신라 대중불교의 주체였던 대안·혜공惠空·사복蛇福 등이 그 찬술자일 것(김영태, 남동신)이라는 추정들이 제시되고 있다. [자세한 내용은 필자의 『원효사상연구』(UUP, 2011), 「원효의 선사상」(『철학논총』 68, 2012)을 참고하기 바란다.]

『금강삼매경』이 초기선종의 맥락에서 성립된 중국찬술의 위경일 것이라는 추정은, 그 견해의 대표자격이었던 야나기다 세이잔柳田聖山 자신이 원효를 지목하는 신라찬술설로 입장을 수정할 정도로 설득력이 퇴색되었다. 이제는 『금강삼매경』의 찬술 동기 및 배경을 신라불교의 맥락에서 탐구하는 쪽으로 무게가 실리고 있고, 또 그것이 설득력 있는 추정이다. 시야를 7세기 중엽 동아시아불교로 확대하여 접근한다 하더라도, 결국은 신라불교의 정황이 『금강삼매경』 형성의 핵심 조건으로 취급될 수밖에 없다. 현존 자료와 그간의 논의를 종합해 보면, 『금강삼매경』이라는 문헌은 종교적 태도나 사상적 수준 및 문제의식을 공유하는 일군의 신라 불교인들, 특히 대안 및 원효와 사상적, 인간적으로 밀접한 연관이 있는 그룹이나 개인에 의해 찬술된 것으로 보인다. 『금강삼매경』의 찬술자를 확정시키는 객관적 자료들이 새롭게 발굴되지 않는 한, 대안과 원효를 중심으로 하는 신라 불교인들이 경전 찬술의 주역일 것이라는 추정에 무게가 실린다. 그리고 『금강삼매경』과 원효의 『금강삼매경론』은 그 여러모로 불가분의 관련을 맺고 있다고 보아야 한다.

『금강삼매경』이 신라 불교인들에 의해 만들어진 것이라면, 무엇보다도 그 찬술의 동기나 배경이 궁금해진다. 단지 불교사상의 통상적 표현을 위해서라면 굳이 불설佛說의 권위를 빌리는 경전을 만들 필요는 없기 때문이다. 설득력을 위해 경전의 권위까지 필요로 하는 그 어떤 강렬한 문제의식이 있었다고 보는 것이 자연스럽다. 그렇다면 『금강삼매경』의 찬술자(들)가 표현하고 싶었던 문제의식이나 관심사는 무엇이었을까? 경전의 권위를 빌려서까지 설득력을 확보하고자 했던 주장이나 관점은 도대체 무엇이었을까? 원

효의 『금강삼매경론』을 읽는 작업은 이 의문에 대한 답을
확보해 가는 과정이기도 하다.

『금강삼매경론』은 원효의 말기 저술로 보인다. 원효 저
술의 시기와 장소를 알 수 있는 것은 행명사에서 671년 음
력 7월 16일에 저술된 것으로 서문에 기록된 『판비량론』이
유일하다. 원효의 최후 저술은 『화엄경소』로 간주하는 것
이 다수의 견해이다. 『삼국유사』의 기록을 근거로, 분황사
에서 『화엄경소』를 짓다가 절필하고 대중교화에 나섰을 것
이라는 추정이다. 이와는 달리, 원효에 관한 『삼국유사』 기
록에 『금강삼매경론』 저술 이야기가 『화엄경소』 절필 이야
기 다음에 등장하고 있다는 것을 근거로, "『화엄경소』는 원
효가 대중교화에 나서기 전까지의 마지막 저술이었으나 특
별한 경험을 통해 저술활동으로 되돌아와 새롭게 발견된
『금강삼매경』에 대한 주석서인 『금강삼매경론』을 마지막
으로 저술하였다"_{Robert. E. Buswell}는 견해와, "『화엄경소』에 실
린 원효의 교판설_{四種敎判}이 『금강삼매경』이 설하는 관행_{觀行}
과 상응하고 있다는 점에서 『화엄경소』가 저술된 이후에
『금강삼매경론』이 저술되었을 것"_{김병환}이라는 견해가 있다.

필자는 『금강삼매경론』을 『화엄경소』 이후의 저술로 보는 견해에 동의한다. 현존하는 원효의 다른 저술들에서 『금강삼매경』이나 『금강삼매경론』이 언급되고 있지 않다는 점까지 고려하면, 『금강삼매경론』은 적어도 원효의 말기 저술이며, 최후 저술일 가능성이 매우 높다.

『금강삼매경』 '입실제품入實際品'에 보리달마 저술로 알려지는 『이입사행론』의 이입(二入; 理入과 行入) 수행과 흡사한 구절이 발견된다는 점, 또 중국 초기선종 제4조 도신과 제5조 홍인의 동산법문에서 부각되는 '수일守一' 법문과 유사한 내용이 등장한다는 점은, 『금강삼매경』 찬술배경이나 찬술자를 추정해 가는 작업에서 각별한 주목을 받아왔다. 그리하여 『금강삼매경』을 초기선종 동산법문 계열의 작품으로 간주하여, 도신 문하에서 수학하고 귀국한 법랑이 동산법문을 전파하고자 『금강삼매경』을 찬술하였을 것이라는 주장까지 제기된다Robert. E. Buswell. 법랑의 활동시기로 볼 때 이러한 추정은 무리로 보인다.

『이입사행론』의 내용이 『금강삼매경』에서 발견된다는 점이, 『금강삼매경』 찬술자들가 초기선종 소속이라는 것을 입증하지는 못한다. 그러나 『금강삼매경』 찬술자(들)가 『이입사행론』을 읽었을 가능성을 설정하는 것은 무리가 없다. 『금강삼매경』이 찬술된 것으로 추정되는 시기는 중국 초기선종이 대두하고 있었던 시기였고, 중국의 새로운 사상 조류나 문헌이 큰 시차 없이 신속하게 한반도에 유입되고 있었다는 점을 감안하면, 『금강삼매경』이 『이입사행론』의 내용 일부를 채택하고 있는 것은 부자연스런 일이 아니다. 『금강삼매경』이 '삼매'를 경전의 주제로 삼고 있다는 점에 과도한 의미를 부여하여 『금강삼매경』 찬술배경과 찬술자를 초기선종과 직접 결합시키려는 시도는 정황상 오히려 어색하다.

『금강삼매경』이 '삼매'를 전면에 부각시키고 있는 만큼, 『금강삼매경』이 한반도에서 찬술된 것이라면, 원효시대 7세기 한반도 불교계에는 선禪을 주요 관심사로 설정하는 정황이 발생하였다는 추정이 가능하다. 그리고 『금강삼매경』 찬술자(들)가 이러한 문제의식을 지니게 된 배경에는, 당시 새롭게 대두하는 선종의 태도와 주장이 일정한 영향을 끼쳤을 가능성이 있다. 한반도 불교계의 내적 역량과 중국 초기선종의 등장이라는 외적 상황이 맞물리면서, 선禪을 주제로 하여 선에 대한 관점을 불설佛說의 권위를 빌려 천명하려는 문제의식과 태도가 『금강삼매경』의 찬술로 구현되었다고 생각한다. 그리고 『금강삼매경』 찬술자(들)가 지녔던 문제의식은, '선禪의 사상적 근거를 체계화시키는 것'이었다고 본다. 7세기 한반도 불교인들은 새로운 불교운동인 초기선종의 등장을 계기로 선의 교학적 토대를 확립하려는 문제의식을 지녔고, 그리하여 그들이 소화하고 있던 불교 이론들을 통합적으로 엮어 '선의 철학적 기반을 정초定礎하려는 작업'에 착수하였으며, 그 결실이 『금강삼매경』이었을 것이다. 그리고 이 과정에서 대안과 원효는 직·간접으로 주도적 역할을 하였을 것이다. 또한 『금강삼매경』 찬술자(들)에 원효가 직접 포함될 가능성도 배제할 필요나 근거가 없다. 『금강삼매경』 찬술 과정에서의 원효 역할은 상상 이상으로 깊숙한 것일 수도 있다.

『송고승전』과 『삼국유사』가 전하는 『금강삼매경』 및 『금강삼매경론』의 한반도 등장 이야기는, 필자가 보기에, 한국사상사에서 그 의미나 무게에 있어서 가장 빛나는 한 정점이 아닌가 싶다. 7세기 고대 한반도 지성의 고도화된 역량과 그 보편지혜의 수준을 고도의 언어에 응집시킨 문헌, 그 문헌 형성에 개입한 한반도의 인적, 사상적, 문화적, 역사적 조건들은, 생각할수록 매력적 상상의 나래를 펼치게 한다.

『금강삼매경』의 찬술 배경을 이렇게 설정한다면, 『금강삼매경』 및 『금강삼매경론』을 읽는 초점이 분명해진다. 필자는 『금강삼매경』의 의미를 주석 형태로 풀어가는 원효의 『금강삼매경론』을, '선禪의 철학적 정초'라는 맥락에서 읽을 것이다. 이것은 『금강삼매경』 및 『금강삼매경론』을, '선의 교학적, 철학적 토대 구축을 위한 체계구성' 혹은 '선과 교, 선과 철학의 통합체계 구성'이라는 맥락에서 읽겠다는 것을 의미한다. 그리고 이러한 읽기는, 원효시대인 7세기 한반도 불교계의 사상사적 의미와 원효 사상 및 선 사상사 등에 새로운 면모를 추가할 수 있다는 전망을 품고 있다.

『금강삼매경』과 『금강삼매경론』은 '선학禪學'의 대승교학적 체계다. 『금강삼매경』과 『금강삼매경론』은 '선의 철학'을 밝히는 동시에 '철학의 선'을 세우고 있다. 선의 철학적 근거와 이론체계를 수립하여 선의 지적 기초와 전망을 제공하는 '선의 철학'을 보여주는 동시에, 그 '선의 철학'이 단순한 지적 지평 열기에 그치지 않고 선 수행의 범주에 포섭되어 새로운 실존 지평을 여는 '철학의 선'으로 전변轉變되는 길을 열고 있다. 교학과 철학이 선에 합리적·이론적 기초를 제공하여 선의 언어 몸집을 탄탄하게 하는 동시에, 선이 교학과 철학에 생명을 불어넣어 그들을 살아 있는 언어로 만들고 있다. 그리고 이것은 종래 선종의 맥락에서 탐구되던 선학과는 그 성격과 내용을 달리한다. 바로 이 지점에서 『금강삼매경』/『금강삼매경론』 선학의 특별한 의의가 수립된다. 『금강삼매경』/『금강삼매경론』의 선학과 선종의 그것을 결합시키면, 불교 정학定學을 탐구하고 파악하기 위한 더 넓고도 명확한 길이 드러날 것이라 전망한다.

제3장

『금강삼매경』의 구성 체계에 대한 원효의 관점
― 6종의 6품六品 해석학

　『금강삼매경』은 삼매를 경전 제목으로 삼을 정도로 선禪
에 관심을 집중시키고 있다. 니까야 문헌 이래 선 관련 경
전들은 주로 사마타samatha, 止와 위빠사나vipasanā, 觀를 축으로
삼아 그 내용을 구성하고 있다. 그리하여 선 관련 경전들은
통상적으로 사선四禪과 같은 선정의 내용이나 심리적 상태,
삼매를 성취하는 방법 등을 주된 내용으로 삼는다. 그런데
『금강삼매경』은 이러한 관행에 비추어 볼 때 매우 이색적
인 내용구성과 체계를 취하고 있다.

　『금강삼매경』은 총 8품으로 구성되어 있다. 제1 서품序品,
제2 무상법품無相法品, 제3 무생행품無生行品, 제4 본각리품本覺利

品, 제5 입실제품入實際品, 제6 진성공품眞性空品, 제7 여래장품如來藏品, 제8 총지품總持品이 그것이다. 이 가운데 7세기 동아시아 대승교학의 핵심 개념들을 품명으로 선택하고 있는 것은 '무상법품·무생행품·본각리품·입실제품·진성공품·여래장품'의 6품이다. 원효는 『금강삼매경』 8품을 서분序分, 정설분正說分, 유통분流通分의 세 범주로 분류하는 동시에, 정설분은 삼매를 성취하기 위한 수행觀行을 설하는 '무상법품·무생행품·본각리품·입실제품·진성공품·여래장품'의 6품과 이에 대한 의심을 총괄하여 버리게 하는 총지품으로 구성된다고 분류한다.

원효는 『금강삼매경』을, 대승불교 교학의 핵심 개념을 유기적으로 연결시켜 삼매의 최고경지로 나아가는 선 수행체계를 완결된 형태로 설하는 것으로 취급하고 있다. 대안이 그 내용을 편집했다고 하는 『금강삼매경』, 그리고 원효가 해설한 『금강삼매경론』은, 삼매 성취의 선禪 수행과 그 의미를 대승불교의 교학적 핵심 개념들과 결합시킴으로써, 선의 철학적 완결체계를 제시하고 있는 것이다. 삼매와 선 수행에 대한 이러한 시도는 그 이전과 이후를 통틀어 불교

사상사에서 유례를 찾기 어려울 정도로 특이한 사례다. 그리고 사례의 희소성 때문이 아니라 그 내용 때문에, 『금강삼매경』과 『금강삼매경론』이 시도하는 선의 철학적 체계화는 각별한 의미를 지닌다.

필자가 보기에, 『금강삼매경』/『금강삼매경론』이 지니는 가치와 의미는, 불교교학의 모든 역사, 특히 선불교 및 한국 불교사상사를 재음미하고 재구성하는 작업에 적극적으로 개입할 수 있을 것으로 전망한다. 특히 오랫동안 격리된 채 독자성을 축적시켜 왔던 남방과 북방의 선관禪觀을 통섭通攝적으로 소화하고 결합시켜 갈 수 있는 중요한 단서들을 안고 있다고 생각한다. 『금강삼매경』/『금강삼매경론』은 한반도에서 지어진 빛나는 영성의 보물창고다.

원효는, 금강삼매를 성취하기 위한 수행법觀行을 설하는 '무상법품·무생행품·본각리품·입실제품·진성공품·여래장품' 6품의 순서와 내용이 지니고 있는 논리적 관계를 세 가지 유형으로 해석해 낸다. 우선 각 품명品名의 뜻풀이부터 보자. 원효에 의하면, 제1 「무상법품無相法品」은 '무상관無相觀을 밝히는 것'이고, 제2 「무생행품無生行品」은 '무생행無生

行을 나타내는 것'이며, 제3 「본각리품本覺利品」은 '본각에 의하여 중생을 이롭게 하는 것'이고, 제4 「입실제품入實際品」은 '허망으로부터 진실實際에 들어가는 것'이며, 제5 「진성공품眞性空品」은 '일체의 행위가 진성眞性의 공함空에서 나옴을 밝히는 것'이고, 제6 「여래장품如來藏品」은 '한량없는 문이 여래장에 들어감을 나타낸 것'이다.

왜 이러한 주제들이 이러한 순서로 배열되었는가? 다시 말해, 6품의 설정 이유는 무엇이며, 그 배열순서는 어떤 의미를 지니는가? 6품 배열을 유기적으로 포착할 수 있는 인과적 해석을 위해, 원효는 명쾌한 관점과 논리를 펼친다.

원효에 의하면 6품은 제각기 관행觀行의 수행법을 펼치고 있는데, 그 일관된 목적은 '상相(실체로 오인하는 개념 환각) 깨뜨리기'이다. 개인의 삶과 세상의 관계를 오염시키고 망치는 원천을 인간에게서 찾는다면 결국 인식의 오염 문제로 귀착된다. 그 인식의 오염을 원효는 '개념 환각相'에 집착하여 분별하는 병이라 요약한다. 따라서 인간과 세계 오염의 인간적 원천을 치유하려면, 이 '개념 환각相'에 집착하여 분별하는 병을 다스려야 한다. 그 치유 행위가 '개념 환각相'

깨뜨리기이며, 『금강삼매경』이 6품을 설정하여 관행 수행법을 펼치는 이유가 바로 여기에 있다. 그래서 "이 여섯 가지 품으로 관행을 두루 펼친다. 모든 망상이 무시로부터 흘러 다니게 된 것이 다만 상相을 집착하여 분별하는 병 때문이니, 이제 그 흐름을 돌이켜 근원으로 돌아가려면 먼저 모든 상을 깨뜨려 없애야 한다"『금강삼매경론』, 한불1-608c고 말한다. '개념 환각相' 깨뜨리기! ― 이것이 『금강삼매경』의 목적이며 6품 배열의 이유이다. 그리고 이로부터 6품 배열의 논리적 관계도 포착된다는 것이 원효의 6품 해석학이다.

원효는 이 6품 해석학을 다양한 방식으로 전개한다. 6품 각각의 의미를 해석하는 유형이 두 가지, 두 품씩 묶어 총 3문門으로 나누어 해석하는 유형이 두 가지, 세 품씩 묶어 총 2문으로 나누어 해석하는 유형이 두 가지로, 총 여섯 가지가 있다. 그리고 마지막에 6품을 총괄하여 일미一味로 해석하는 유형을 추가하면서 마무리하고 있다. 원효는 마지막 총괄 유형은 6품 해석 유형에 포함시키지 않는다. 그리하여 '각각 해석하는 두 가지', '3문으로 나누는 두 가지', '2문으로 나누는 두 가지', 총 여섯 가지의 분류 방식으로써 『금강삼매경』의 구성 체계를 해석한다고 밝히고 있다. 이러한 원효의 해석학적 분류방식을 '6종의 6품 해석학'이라 명명하고 그 내용을 살펴보자.

【6품 각각을 해석하는 유형 I】

'실체로 오인하는 개념 환각$_{相}$'을 깨뜨리기 위한 첫 번째 수순은, 존재 일반에 대한 개념 환각을 해체하는 수행이다. 정신적 존재와 물질적 존재들이 불변의 본질을 지닌 독자적 실체라고 생각하는 것은, 개념 환각에 의거한 인식적 착각에 불과하다. 인지를 지배하고 있는 무지로 인해 사실적 근거가 없는 허구를 실재한다고 오인하는 것이다. 예컨대 눈으로 책상을 볼 때, '책상은 자기 고유의 변치 않는 본질을 지닌 독자적 존재'라고 인식한다면, 책상이라는 개념에 사실이 아닌 존재 환각을 씌워 인지하는 것이다. 이러한 인지 착오를, '책상을 상$_{相}$으로 분별하여 집착하는 것'이라 말한다. 이러한 개념 착각을 치유하는 수행을 무상관無相觀이라 하는데, 제1 「무상법품」은 이 수행을 설하는 것이다. (이 품에서는 부처와 문답하는 질문자로서 '해탈解脫'보살을 등장시키는데, 개념 환각相의 속박에서 풀려나게 하는 것이 이 품의 핵심이라는 의미를 반영한 것으로 보인다.) — "모든 망상이 무시로부터 흘러 다니게 된 것이 다만 상相을 집착하여 분별하는 병 때문이니, 이제 그 흐름을 돌이켜 근원으로 돌아가려면 먼저 모든 상을 깨뜨려 없애야 한다. 그러므로 처음에 무상無相임을 관觀하는 법을 밝힌 것이다"『금강삼매경론』, 한불1-608c.

정신적, 물질적 존재 일반에 대한 개념 환각이 치유될 때, 개념 환각치유의 두 번째 수순이 등장한다. 존재들이 불변의 본질(불교 용어로는 自性)을 지니지 않은 연기적緣起的 존재, 즉 조건적으로 성립한 공성空性의 존재라는 것을 알았을 때라도, 그 공한 존재들을 인지하는 '인식 주관'을 상相으로서 집착할 수가 있다. 존재에 대한 개념 환각을 치유하는 작용인 '주관으로서의 마음'을, 불변의 본질을 지닌 실체로 오인하는 무지의 덫에 걸릴 수 있다. 존재 일반에 대한 개념 착각을 깨뜨리는 대신에, 이번에는 그 개념 착각을 인식 주관에 적용해 버리는 것이다.

이렇게 되면 대상을 달리하는 또 다른 유형의 개념 환각,

즉 마음/주관의 상相을 붙들게 되어, 존재와 세계의 본래 모습本覺을 여전히 놓치게 된다. 따라서 이번에는, 인식 주관을 실체로 오인하고 그 착각을 조건 삼아 인식 작용을 일으키는 병을 고쳐야 한다. 「무상법품」에 이어 「무생행품」이 설해지는 이유가 여기에 있다.(이 품에서는 부처와 문답하는 질문자로서 '심왕心王'보살을 등장시키는데, 마음/주관에 대한 개념 환각相을 깨는 것이 이 품의 핵심이라는 의미를 반영한 것으로 보인다.) — "비록 모든 상을 없애 버렸더라도 만약 관觀하는 마음을 둔다면, 관하는 마음이 오히려 일어나 본각本覺에 부합하지 못한다. 그러므로 일어나는 마음을 없애야 하니, 따라서 두 번째로 무생행無生行을 나타내었다"『금강삼매경론』, 한불1-608c.

존재 일반에 대한 개념 환각을 교정하고, 이어 인식 주관에 대한 개념 환각마저 치유하면, 존재와 주관을 대상으로 기세를 올리던 개념 환각이 사라져 인식적 착오와 오염이 그치게 된다. 그리고 인식적 착오와 오염의 작용이 그치게 되면, 존재와 세계의 본래 모습을 있는 그대로 만나게 된다. 개념 환각이 사라져, 가려지고 왜곡되기 이전의 본래 모습 그대로가 고스란히 드러난 국면, 존재와 세계의 본래

모습을 있는 그대로 만나는 인지 국면을, 『대승기신론』과 『금강삼매경』은 '본래적 깨달음本覺'이라 부른다. 존재 일반에 대한 상相뿐 아니라 주관에 대한 상相마저 깨뜨려, 개념 환각을 조건 삼아 확대되던 왜곡된 인지작용이 그치게 되면, 이윽고 '본래적 깨달음(본각)'과 하나가 된다. '본래적 깨달음'이라 칭하는 진리의 이익을 성취하게 되는 것이다.

그런데 이 '본래적 깨달음'의 국면은 주관을 실체로 간주하는 무지가 사라진 상태, 다시 말해, 실체 관념 위에 수립된 모든 유형의 '나'/'나의 것'이라는 환각이 사라진 국면이다. 존재의 본래 모습인 이 공성空性의 지평에서는, '자신'과 '타자'를 격리시키고 통하지 못하게 막아 놓던 실체의 벽이 해체된다. 자기와 타자를 본질을 달리하는 별개의 존재로 분리시키던 개념 환각(상)이 사라져, 자기와 타자, 모든 존재가, 홀연 서로 통하고 서로 만나게 되는 이 지평에서는, '내가 소유하는 진리(본각)의 이익'이라는 자폐적 소유관념이 설 자리를 잃는다. 동시에, 나와 마치 한 몸처럼 만나고 있는 타자들을 향한 자애심이 저절로 솟아난다. 타자와 자신이 한 몸처럼 통하고 만나는 지평에 서면, 내가 나를 위하는 마음이 자연스럽게 솟듯이, 성취한 본각의 이익을 타자와 공유하려는 마음이 자연적으로 생겨난다. 그리고 이 자연적인 이타심에 의거하여, 타자들도 본각의 이익을 누릴 수 있게 기여하려는 행위를 자발적으로 펼치게 된다. 본각의 이익은 그 어떤 실체개념의 주소지에도 머무르지 않을 수 있는 지평을 누리는 것이다. 따라서 본각의 이익에 열려 솟아나는 자연, 자발의 이타행은, '자기'와 '타인'이라는 실체적 개념 그 어디에도 머물지 않기에, 끝없이 역동적으로 펼쳐진다. '자타 분리의 실체적 자아 관념補'을 붙들지 않기에, '다르면서도 하나로 통하는 자타 식별의 지평' 위에서 무한히 펼쳐진다.

존재와 주관을 실체로 오인하는 근원적 무지의 속박에서 풀려나 존재의 본래 모습이 현현하는 지평이 열리면, 자연/자발/무한의 이타심이 솟구쳐 타자들과 진리의 이익을 공유하려는 행동을 펼치게 된다. 중생을 '진리의 정원(본각)'으로 안내하는 실천이 선 수행의 내용이 된다. 이 소식을 전하는 것이 제3 「본각리품」이다.(이 품에서는 부처와 문답하는 질문자로서 '무주無住'보살을 등장시키는데, '적정寂靜에도 머물지 않고 이타행을 펼치는 것이 본각의 이익'이라고 하는 의미를 반영한 것으로 보인다.) — "행위가 이미 일어남이 없으면 바야흐로 본각에 부합하고, 본각에 의하여 중생을 교화하여 본각의 이익을 얻게 하니, 그리하여 세 번째로 본각 이익의 문本覺利門을 밝혔다"「금강삼매경론」, 한불1-608c.

이타행이야말로 윤리적 모범이라는 것이 세간의 합의다. 이타행도 자기만족의 수단이므로 이기주의의 범주를 벗어나지 않는다고 힐난하는 시선도 있긴 하지만, 현실의 이타행은 실제로 상당한 자기 이익의 유보나 감손을 기꺼이 수용해야 한다는 점에서 비이기적 측면이 강하다는 점을 부인할 수는 없다. 심리적으로나 현실적으로, 이타행은 강한 자기중심성이나 배타적 자아의식을 줄이는 데 효과적이다. 그러나 이타행의 의도나 대상에 따라서는, 이타행이 오히려 이기주의의 강화 내지 변형일 수도 있다. 가족에 대한 헌신적 이타행이나 소속 집단에 대한 희생적 이타행은, 자칫 배타적 가족이기주의나 폭력적 집단이기주의를 강화하는 통로가 되기도 한다.

이타행이 이기주의의 변형적 강화나 확산 도구로 전락하

는 경우, 그 이타행의 심리적 원천에는 예외 없이 '불변의 독자적 자아관념'이 자리 잡고 있다. '나', '나의 것'을 불변의 배타적 소유물로 붙잡으려는 실체 환각이 도사리고 있는 것이다. 자아에 대한 이 인지적 착각을 방치한 채 행해지는 이타행은 자칫 이타를 빙자한 탐욕이나 폭력으로 전락한다. 이 난관을 돌파하려면 자신과 타인에 대한 상相을 떨쳐버리고 공성空性의 지평을 열어야 한다. 제3 「본각리품」에서 '본각에 통한' 후에야 비로소 진리다운 중생 교화의 이타행이 가능하다는 점을 밝힌 것은 이런 까닭에서다.

본각에 통하여 본각의 이익을 성취한 후 그에 의거하여 펼치는 이타행은 허물이 없다. 이타행이 만약 자아에 대한 근원적 무지 위에서 펼쳐진다면, 그 이타행이 산출하는 타자 이익 역시 근원적으로 진리답기 어렵다. 진실(본각)과의 불화를 방치한 채 실천하는 이타행은 근본적으로 허망하다. 반면에 존재를 실체로 보는 개념 환각相을 깨뜨려 존재의 본래 모습을 만나는 지평을 연 후, 그 지평에서 자연적, 자발적으로 솟아나는 이타심을 담아내는 행위는 진리답다. 그러한 이타행은 그 의도나 행위가 진리답기에, 이타행의 수혜자도 진리다운 이익을 누릴 수 있는 가능성이 고조된다. 인식이 상相에 물들지 않으면, 그에 따른 이타행은 중생으로 하여금 진리의 이익을 누리게 할 수 있다는 것. 이것이 제3「본각리품」에 이어 제4「입실제품」이 마련된 이유이다.(이 품에서는 부처와 문답하는 질문자로서 '대력大力'보살을 등장시키는데, '그 어떤 주소지에도 머물지 않을 수 있는 본각의 이익에 의거하여 진리다운 중생교화의 이타행을 펼치는 것이 위대한 능력大力'이라는 의미를 반영한 것으로 보인다.) ― "만약 본각에 의하여 중생을 이롭게 하면 중생이 곧 허망함으로부터 진실한 실제에 들어갈 수 있으니, 그러므로 네 번째로 실제에 들어감을 밝혔다"『금

강삼매경론』, 한불1-608c.

인식을 왜곡하고 행동을 오염시켰던 실체라는 환각을 존재와 주관 마음 모두에서 떨쳐내면, 진리와 하나 되려는 수행 전개가 진리답게 이루어지는 동시에, 자연적/자발적 이타행이 타자들로 하여금 진리다운 이익을 성취하게 한다. 자기이익과 타자이익을 위한 모든 행위가 하나같이 존재 본래의 참된 모습과 접속하는 지평 위에서 펼쳐지게 된다. 자리自利와 이타利他의 구현이 동시에 진리답게 펼쳐지는 것

이다. 이 소식을 전하기 위해, 제5 「진성공품」을 세워 자기 이익과 타자이익 구현이 본래의 진리 지평과 접속한 채 하나 되어 펼쳐지게 됨을 밝힌다.(이 품에서는 부처와 문답하는 질문자로서 '사리불舍利佛'을 등장시키는데, 자리와 이타가 모두 공성空性의 지혜로써 구현된다는 의미를 반영하기 위해 '지혜'를 상징하는 사리불을 세운 것으로 보인다.) — "안으로의 수행은 곧 상이 없고 일어남이 없으며, 밖으로의 교화는 곧 본각의 이익으로 실제에 들어가게 하니, 이러한 두 가지 이익으로 온갖 행위를 구족하되 똑같이 참된 자리眞性로부터 나와서 모두 그 참된 자리眞性의 실체 없는 지평空에 응한다. 이 때문에 다섯 번째로 '참된 자리의 실체 없음眞性空'을 밝혔다"「금강삼매경론」, 한불1-608c.

존재와 주관을 실체로 오인하는 개념 환각相을 깨뜨리고, 존재의 본래 참모습本覺을 드러내는 인식 지평이 개현되어, 그 지평 위에서 존재의 참모습에 부응하면서 펼치는 자연적/자발적 이타행으로써 자신과 타인의 진리다운 이익성취가 '하나로 결합하는' 국면이 완숙해지면, 대승교학에서 존재의 본래적 국면과 그 능력을 설명할 때 채용하는 용어인 '여래장如來藏'의 지평이 완전하게 구현된다. 그 여래장 지

평의 풍경을 언어에 담으면 '한 맛−味'이다. 이전의 모든 수
행과정이 똑같은 결과로 수렴되기 때문이다. 제6「여래장
품」은 이 소식을 전하기 위해 마련되었다.(이 품에서는 부처와
문답하는 질문자로서 '범행장자梵行長者'를 등장시키는데, '성스러움과 속
됨에 대한 상相이 깨져 둘 아니게 된不二 한 맛−味의 세계가 여래장의 지
평'이라는 의미를 반영한 것으로 보인다.) ─ "이 참된 자리眞性에 의
하여 온갖 행위가 갖추어져 여래장 일미−味의 근원에 들어
가니, 그래서 여섯 번째로 여래장을 나타내었다"「금강삼매경론」,
한불1-608c.

【6품 각각을 해석하는 유형 Ⅱ】

　6품 해석학의 두 번째 유형에서는, 「본각리품」과 「입실
제품」에 『대승기신론』의 일심이문−心二門을 적용하고 있는
점이 주목된다. 이 유형의 6품 해석에서, 제1「무상법품」
은 관행 수행의 목표를 제시하는 것이고, 제2「무생행품」은
관행의 내용을 밝히는 것이며, 제3「본각리품」과 제4「입
실제품」은 각각 일심의 생멸문生滅門과 진여문眞如門을 나타

내고, 제5 「진성공품」은 진리다움眞과 속됨俗이라는 구별을
버리면서도 양자를 포섭하는 도리를 알리며, 제6 「여래장
품」은 이 모든 문이 '한 맛一味'으로 수렴된다는 것을 보이는
것이다.

금강삼매를 성취하는 선 수행의 종합체계를 제시하려는
것이 『금강삼매경』의 의도이기 때문에, 우선 수행체계의
목적이 제시되어야 한다. 따라서 먼저 「무상법품」을 두어,
'일심'이라고도 하고 '여래장'이라고도 부르는 존재 본래의
진실 지평을 여는 것이 수행의 목표라는 것을 천명한다. 목
표가 설정되면, 그 목표에 도달하기 위한 방법이 제시되어
야 한다. 그리하여 이어서 「무생행품」을 마련하여, '상相에
집착한 분별'을 치유할 수 있는 수행법으로서 무분별관無分
別觀(분별하지 않을 수 있는 선 수행)을 설한다.

무분별관의 수행으로써 상相분별을 치유하면, 존재의 본
래 모습과 만나는 지평이 열린다. 그리고 자연/자발/무한
의 이타심이 솟구쳐 타자들과 진리의 이익을 공유하려는
행동을 펼치게 된다. 이것은 존재 오염의 제거과정에 해당
하는 것인데, 이러한 단계를 밝히는 것이 제3 「본각리품」이

며, 그것은 『대승기신론』이 설하는 일심이문 가운데 심생멸문 맥락에 해당한다.

일체를 상相으로 분별/집착하지 않고 이타행을 펼치게 되면, 이타행의 수혜자인 중생은 무의미하고 허망한 삶을 의미 충만하고 진실한 삶으로 바꿀 수 있다. 이 점을 밝히는 것이 제4 「입실제품」인데, 여기서 말하는 '중생이 맞이하게 되는 진리다운 삶'은 일심이문 가운데 심진여문에 해당한다.

자리와 이타의 행위가 이처럼 상相분별에서 풀려나 하나로 결합되는 경지에 이르면, 자리와 이타의 온갖 행위들이 모두 진리 그 자체의 현현이 된다. 이 경지에서는 진리와 비非진리, 성聖과 속俗을 상호 배타적 본질로 간주하는 상相분별이 설 자리가 없다. 그러나 진리/비진리, 성/속이라는 차이 분류를 아예 폐기해 버리는 것도 아니다. '진리'와 '비진리', '성'과 '속'이라는 현실적 차이를 분류하고 지시하는 기호(언어)들을 쓰면서도, 그것들을 개념 환각의 통로로 전락시키는 것이 아니라, 환각 탈출의 수단과 계기로서 굴린다. 제5 「진성공품」은 이 소식을 전하기 위해 마련되었다.

이 모든 수행과정과 경지는 존재의 본래적 참모습이 고스란히 현현하는 여래장 지평으로 수렴된다. 제6 「여래장품」은 이 점을 밝힌다. 이렇게 하여 6품은 대승교학의 핵심을 두루 포섭하게 된다. ㅡ "또 이 6품에는 다른 뜻이 있다. 초품은 관觀해야 할 법을 제시하였으니, 법은 일심 여래장의 바탕體을 말한다. 제2품은 관하는 수행을 밝혔으니, 수행이란 6행六行으로서 '분별하지 않는 수행無分別觀'을 말한다. 제3 「본각리품」은 일심의 생멸문을 나타내고, 제4 「입실제품」은 일심의 진여문을 나타낸다. 제5 「진성공품」은 진리다움과 속됨을 다 버리되 (眞과 俗 각각의 진리인) 두 가지 진리二諦를 파괴하지 않는다. 제6 「여래장품」은 모든 문을 두루 거두어 똑같이 일미임을 보인다"『금강삼매경론』, 한불1-609a.

원효에 의하면, 6품이 세우는 이러한 두 유형의 6문門에 의해 해탈의 삶으로 안내하는 대승의 모든 길이 거두어진다. 궁극 해탈의 마지막 조건인 금강삼매를 성취하기 위한 수행觀行은 '개념 환각相 깨뜨리기'가 핵심이며, 관행 실천에 의한 '상相 부수기' 과정의 완결체계가 6품이다. 그리고 원효는 6품 해석의 두 유형을 통해,『금강삼매경』6품이 대승교학의 핵심 통찰을 모두 포섭하고 있다는 것을 입증하려고 한다. ― "이러한 두 가지 6문으로 대승의 뜻을 포섭하여 두루 다하였다"「금강삼매경론」, 한불1-609a.

【두 품씩 묶어 3문으로 해석하는 유형 I】

제1「무상법품」이 관행 수행의 목표를 제시하는 것이고 제2「무생행품」은 목표 성취의 방법론인 관행의 내용을 밝히는 것이라면, 「무상법품」은 관행의 처음에 해당하고 「무생행품」은 관행의 끝에 해당한다. 또 제3「본각리품」은 개념 환각相 없이 교화의 이타행을 펼칠 수 있는 토대를 밝히는 것이고, 제4「입실제품」은 그 상相분별 없이 펼치는 교화의 이타행에 의해 중생이 진실의 문 안으로 들어가게 됨을 보인다. 그런 의미에서 「본각리품」은 교화 이타행의 근본이고, 「입실제품」은 교화 이타행의 지말에 해당한다. 제5「진성공품」과 제6「여래장품」은 상相분별을 깨뜨리는 관행 수행으로써 가능하게 된 '상相분별 없이 펼치는 자리행과 이타행'의 결실을 나타낸다. 따라서 제5「진성공품」과 제6「여래장품」은 이전의 네 품을 원인으로 삼아 그 결과를 나타내는 것이다. — "또한 이 육품은 합하면 세 문이 된다. 앞의 두 품은 관행의 처음과 끝을 포괄하고, 다음 두 품은 교화의 근본과 지말이며, 나중의 두 문은 원인을 포섭하여 결과를 이루는 것이다"「금강삼매경론」, 한불1-609a.

【두 품씩 묶어 3문으로 해석하는 유형 Ⅱ】

제1「무상법품」은 관행의 목표가 '상相분별 깨뜨리기'에 있다는 것을 밝히는 것이고, 제2「무생행품」은 '상相분별 깨뜨리기'의 방법을 나타낸다. 따라서 이 두 품은 '상분별을 버리고 왜곡되지 않은 본래 모습을 회복하는 것遣相歸本'에 해당한다. 제3「본각리품」과 제4「입실제품」은 교화의 이타행이 상분별 없는 지평에서 펼쳐지는 것을 밝힌다는 의미에서, '본래자리에서 이타의 행위를 펼치는 것從本起行'에 해당한다. 그리고 제5「진성공품」과 제6「여래장품」은 '상분별을 깨뜨려 본래자리(본각)로 돌아가는 것'과 '그 자리에서 교화의 이타행을 일으키는 것'을 함께 보여주므로, '돌아감과 일으킴을 함께 드러내는 것雙顯歸起'에 해당한다. ─ "또한 앞의 두 품은 '상을 버리고 본래자리로 돌아가는 것遣相歸本'이고, 중간의 두 품은 '본래자리로부터 행위를 일으키는 것 從本起行'이며, 나중의 두 품은 '돌아감과 일으킴을 모두 나타 낸다雙顯歸起'"「금강삼매경론」, 한불1-609a.

이처럼 두 품씩 묶어 3문으로 6품을 해석하는 두 가지 방식을 통해 원효가 최종적으로 말하려는 것은, 6품 각각을 해석하는 앞의 두 가지 방식에서와 마찬가지로, 『금강삼매경』이 대승교학의 핵심을 모두 포섭하고 있다는 점이다. ─ "이 두 종류의 세 문으로 대승을 모두 포괄한다"「금강삼매경론」, 한불1-609a.

【세 품씩 하나로 묶어 2문으로 해석하는 유형 I】

제1「무상법품」은 존재 일반을 향한 상相분별을 깨뜨리는 것을, 제2「무생행품」은 인식 주관인 마음을 향한 상분별을 깨뜨리는 수행을 밝힌다. 이 두 품에 의해 존재에 대한 상분별과 마음에 대한 상분별이 없어지면, 상분별로 인해 가려졌던 본래의 참모습을 만나게 된다. 「무상법품」과 「무생행품」을 원인 조건으로 「본각리품」이 성립되는 것이다. 이처럼 이 3품은 일련의 인과관계로 맺어져 있으므로 하나로 묶을 수 있다.

「입실제품」과 「진성공품」이 밝히는 '상분별 없는 자리에서 행하는 교화의 이타행'은 다름 아닌 여래장 지평에서의 일이다. 따라서 「입실제품」과 「진성공품」 그리고 「여래장품」은 초점을 달리하는 같은 범주로 묶을 수 있다. ─ "또한 이 6품은 단지 두 문일 뿐이다. '존재에 대한 개념 환각相'과 '주관 마음에 대한 개념 환각生'이 모두 없어진 것은 본각의 이익이고, 실제와 진공은 여래장이다"「금강삼매경론」, 한불1-609a.

【세 품씩 하나로 묶어 2문으로 해석하는 유형 Ⅱ】

「무상법품」과 「무생행품」은 존재와 주관에 대한 상분별을 깨뜨려 본래의 참모습(본각)과 만나는 「본각리품」을 성립시킨다. 그리고 「입실제품」과 「진성공품」 및 「여래장품」은 이 상분별 없는 자리에서 이타행을 펼치고 중생도 그 본래자리로 이끌어 다 함께 여래장의 세계와 하나가 되는 소식을 알려준다. 그렇다면 「무상법품」/「무생행품」/「본각리품」은 상분별의 허구를 깨뜨리고 본래자리로 귀환하는 것을 밝힌다는 점에서 여래장에 귀입歸入하는 원인을 드러내는 셈이고, 「입실제품」/「진성공품」/「여래장품」은 상분별이 사라진 참된 자리의 모습을 그 결과로서 보이는 셈이다. — "또한 앞의 문은 허망함을 버려 원인을 드러내는 것이고, 뒤의 문은 참됨을 드러내어 결과를 이룬 것이다" 「금강삼매경론」. 한불1-609a.

이처럼 세 품씩 하나로 묶어 2문으로 6품을 해석하는 두 가지 방식도 결국은, 앞서의 방식들에서와 마찬가지로, 『금강삼매경』이 대승교학의 핵심을 모두 포섭하고 있다는 것을 보여준다. — "이러한 두 가지의 2문二門으로 또한 대승을 모두 포괄하였다" 「금강삼매경론」. 한불1-609a.

【일미一味로 총괄하는 해석】

원효는 『금강삼매경』의 구성 체계에 관한 6종의 6품 해석학을 공성空性의 '한 맛−味'으로 총괄한다. 존재 일반과 인식 주관에 대한 개념 환각相은 '불변의 본질을 소유한 독자적 실체'를 설정하는 무지의 산물이다. 그러나 무지가 세우는 그러한 실체는 정신과 물질, 객관과 주관 그 어디에도 존재하지 않는다는 것이 세계의 참모습이다. 불변의 독자적 실체나 본질 없이 조건적/가변적으로 존재하는 것이, 세계의 참모습 즉 실재實在, existence as it is이다. 이러한 무실체/무본질의 실재를 언어로 지시하기 위해, 불교에서는 '연기緣起', '무자성無自性', '공空' '공성空性' 등의 용어를 채택한다. 존재의 공성을 삼매를 통해 마음 지평에서 포착하여 마침내 공성인 존재의 본래적 참모습과 하나가 되는 과정과 내용을 체계적으로 드러내는 것. − 이것이 원효가 『금강삼매경론』을 통해 밝히려는 『금강삼매경』의 요지이다.

공성인 실재를 삼매를 통해 마음 지평에서 포착하고 그 본래의 참됨과 하나가 되는 과정을 드러내는 것이 『금강삼매경』 6품이라고 본다면, 6품 각각의 초점과 내용은 결국 '공성인 한 맛'으로 수렴되고 총괄된다. 존재 일반과 주관은 본래부터 '불변의 본질'이나 '독자적 실체'가 아니며, 또 그러한 본질이나 실체를 소유하고 있는 것도 아니라는 점을 밝히는 것은, 「무상법품」과 「무생행품」이다. 또 이 두 품에 의해 마음 지평에서 드러난 '공성인 참모습(진여, 본각)'은, 존재와 주관이 불변의 실체가 아니듯, 확정된 불변의 독자적 주소지를 소유한 것이 아니다. 그러므로 '본각의 이익'을 성취하고 그 실재 합일의 이익을 중생과 공유하려는 자발적/자연적 이타행을 일으키는 것을 밝히는 「본각리품」도, 「무상법품」/「무생행품」과 마찬가지로 공성에 수렴된다는 점에서 '한 맛'이다.

불변의 실체를 세우는 상相분별을 깨뜨리면, 공성의 지평 위에서 중생을 향한 교화의 이타행을 자발적으로 펼쳐 중생도 이 '참 지평實際'에 오르게 도와준다. 그런데 이 '참 지평'은 본래 그 어떤 유형의 실체적 분리나 격리가 없이 탁 트여 있다. 상분별로 불변의 독자적 실체를 세우는 순간, 세상은 서로를 밀쳐내는 자폐적 거주지들로 분할된다. 존재 차원의 왕래가 불가능한, 나뉘고 격리되며 갇힌, '한계 지워진 세상'이 된다. 그러나 상분별이 깨지면, 이러한 한계 짓는 장벽들이 근저에서부터 해체되고 툭 트여, 활짝 열린 무한無限

지평이 드러난다. 이 존재 차원의 무한지평에 오르면, 그 어떤 붙박이 주소지에도 갇히지 않고 걸림 없이 차이들 사이를 왕래하는 '머물지 않는 무애행無碍行'으로 춤추게 된다. 따라서 「입실제품」의 '참 지평 들어가기入實際'도 그 '참 지평(실제)'이 공성의 무한이라는 점에서 역시 '공성의 한 맛'이다.

본각이나 실제가 모두 불변의 독자적 실체가 아니라 공성의 지평인 것과 마찬가지로, 진성眞性이나 여래장如來藏도 용어만 달리할 뿐 하나같이 공성의 지평이다. 따라서 자리행과 이타행이 모두 상분별 없는 참된 자리眞性에서 펼쳐진다는 것을 밝히는 「진성공품」, 그리하여 마침내 귀환하게 된 존재의 본래 고향이 여래장이라는 것을 알려주는 「여래장품」도, '공성의 한 맛'으로 수렴된다.

이처럼 6품은 모두 공성의 한 맛으로 꿰어져 있다는 점에서 '오직 일미一味'다. '한 맛'의 근거는 공성이다. 만약 정신과 물질, 객관이나 주관에서 그 어떤 '불변의 독자적 본질 및 실체'를 확보할 수 있다면, '얻을 수 있는 것', '소유물로 확정할 수 있는 것'이 있는 셈이다. 그러나 실제로는 소유물로 차지할 수 있는 본질이나 실체는 없다. 소유지를 확정하고 영속적인 소유권을 행사할 수 있는 실체나 본질은 원래 없다. 소유 가능한 독자적 실체가 있다고 착각하는 상분별을 깨버리면, '얻을 수 있는 불변의 실체나 본질'이라는 신기루가 사라진 공성의 지평이 활짝 열린다. 그것을 원효는 '얻을 것 없는 일미─味'라 부르면서, 소유물로 확정되기를 끝없이 거부하는 이 '얻을 수 없는 한 맛'이, 『금강삼매경』의 근본이고 핵심이라 천명한다.

『금강삼매경』은 이 '얻을 수 없는 한 맛'으로 관통되어 있고, 그것을 드러내는 경전이다. 그런데 바로 이 '얻을 수 없는 한 맛'으로 인해 무한한 방식의 언설과 뜻을 전개할 수 있다. 상분별에 집착하여 불변의 배타적 실체나 본질을 설정하는 것은, 이동이 불가능한 붙박이 주소지에 문 막힌 집을 짓고 그 안에 들어앉는 것이다. 그럴 때는 다른 주소지로 옮아갈 수도 없고 이리저리 왕래할 수도 없다. 반면 상분별을 깨뜨리면, 붙박이 주소와 거주지에서 풀려나 어디든지 원하는 대로 옮아갈 수 있다. 한 곳에 머물지 않기에 어디든지 머물 수 있는 것처럼, '얻을 수 없는 한 맛'이기에 '무엇이든지 얻을 수 있는 한 맛'이다.

통념적 언어 관념은 언어 안에 불변의 본질이나 실체가 담겨 있다고 간주한다. 그러기에 '책상'이라는 말로는 '밥상'을 지시하지 못한다고 여긴다. 실체나 본질의 차이에 따라 언어용법도 확정되고 제한된다. 상분별은 대개 이러한 언어적 통념을 매개로 수립되고 확산된다. 그러나 상분별을 깨뜨린 사람은 언어에 불변의 본질이나 실체를 배정하지 않는다. 그는 언어용법을 확정적으로 제한하지 않고 개방적으로 운용한다. 같은 뜻을, 같은 내용을 전하기 위해, 상황이나 맥락에 따라 얼마든지 다른 언어를 자유롭게 구사할 수 있다. 어떤 언어에도 갇히지 않기 때문에, 그 어떤 언어도 사용할 수 있다. 또한 같은 내용의 다른 언어적 포장들과 오해 없이 교류할 수 있으며, 다른 내용의 다른 언어들을 불변의 본질적 차이로 보지 않아 상호 접속과 수용의 가능성에 열려 있다. 그리하여 이 무실체/무본질의 언어 개방력은 불필요한 '언어 불화와 충돌爭論'을 '예방하고 치유한다和諍.' 『금강삼매경』은 상분별이 해체된 '얻을 수 없는 한 맛'을 근본으로 하기에, 무한히 말을 세워 무한한 뜻을 펼칠 수 있다. '한 맛'을 6품으로 나누어 펼치는 것도 이러한 까닭에서

이다. ─ "또한 이 6품은 오직 '한 맛ㅡ味'이다. 왜냐하면, '존재에 대한 개념 환각相'과 '주관 마음에 대한 개념 환각生'은 불변의 본질自性이 아니고, 본각은 근본 실체가 아니며, 실제實際는 '실체로 인한 제한된 경계際'가 해소된 것이고, 진성 또한 공한 것이니, 무엇을 연유하여 여래장의 본질自性이 있을 수 있겠는가? 이것은 아래의 「여래장품」 중에서 '이 식識은 항상 적멸하며, 적멸한 것도 또한 적멸하다'고 말하고, 「총지품」에서 '7식七識과 5식五識이 생기지 않으며, 8식八識과 6식六識이 적멸하고, 9식九識의 모습이 공하여 없다'고 말한 것과 같다. 이와 같이 얻을 것이 없는 '한 맛ㅡ味'이 바로 이 경전의 근본이고 핵심宗要이다. 그러나 얻을 것이 없기 때문에 얻지 못하는 것이 없다. 따라서 모든 문이 펼쳐지지 않음이 없기 때문에 한량없는 뜻을 짓는 근본이 되는 것이다. 비록 '한 맛'이지만 여섯 가지 문을 펼치기 때문에, 여섯 가지 분류에 의하여 글을 나누어 해석하였다"「금강삼매경론」, 한불1-609a-b.

제4장

하나로 보는 마음자리, 하나가 된 마음지평

— 일심一心

일심一心은 원효의 모든 것이 들어가고 나오는, 수렴과 발산의 원점이다. 일심을 문자 그대로 번역하여 '한 마음'이나 '하나의 마음'이라고 하면, 자칫 원효의 일심철학을 아트만적 실체론의 한 유형으로 오독誤讀할 위험이 있다. 원효가 일심이라 부르는 것은 불변/독자/개체적 실체가 아니며, 현상 이면에서 현상을 구성하는 어떤 불변의 본질적 원점도 아니다. 존재 환각인 실체 관념의 모든 유형이 해체되어, 실체 관념을 조건으로 세워진 분리/배제/독점의 벽이 탁 트여버린 세계가 드러나는 마음 지평을, 원효는 일심이라 부른다. 그래서 필자는, 원효 저술에서 일심이라는 용어가 구사되는 의미맥락을 반영하기 위해, 일심—心 내지 일심지원—心之源을 '하나로 보는 마음자리' 혹은 '하나가 된 마음지평'이라 풀어서 쓴다.

금강삼매金剛三昧라는 선정은 모든 실체 관념의 환각이 세운 분리의 벽을 터버려, 세상과 마치 '하나처럼' 만나는 마음자리로 돌아가게 한다. 이 소식을 원효는 다음과 같이 노래한다.

'하나로 보는 마음자리/하나가 된 마음지평'은 있음有과 없음無이라는 존재 환각을 여의어 오직 맑으며, 세 가지 공三空의 바다는 성스러운 진리眞와 속됨俗(이라는 상분별)을 녹여 말끔하다. (有/無나 眞/俗의 개념을 본질이나 실체로 오인하여) 둘로 나누는 분별을 말끔하게 녹였으나 그렇다고 (둘로 나눈 분별을 합한) 하나도 아니며, 오직 맑아 둘로 나누는 환각을 여의었으나 그렇다고 (둘로 나눈 분별의) 중간도 아니다. 중간이 아니면서 둘로 나누는 환각을 여의었으므로 있음有이 아닌 것이 없음無으로 되어 머물지 아니하며, 없음無이 아닌 모습이 있음有이 되어 머물지 아니한다. 하나가 아니지만 둘로

74

나누는 분별을 녹였으므로, 성스러운 진리眞가 아닌 것이 일찍이 속됨俗이 된 적이 없으며, 속됨俗이 아닌 진리가 일찍이 성스러운 진리眞가 된 적이 없다. 둘로 나누는 분별을 녹였지만 하나가 아니기 때문에, 성스러운 진리眞와 속됨俗의 성품이 세워지지 않음이 없고, 오염染과 청정淨의 모습이 갖추어지지 않음이 없다. 둘로 나누는 환각을 여의었지만 중간이 아니기 때문에, 있음有와 없음無의 현상이 만들어지지 않는 바가 없고, 옳고是 그름非의 뜻이 두루 미치지 아니함이 없다. 이와 같이 깨뜨림이 없되 깨뜨리지 않음이 없으며, 세움이 없되 세우지 않음이 없으니, 가히 이치가 없는 지극한 이치요, 그렇지 않으면서도 크게 그러한 것이라 할 수 있다. 이것이 이 경전의 핵심 도리이다「금강삼매경론」, 한불1-604b.

세간의 일상적 마음이 읽어내는 세계의 일관된 특징은 '실체적 분리'다. 통념적 마음자리에서 본 세상은, 동일한 본질로 채워진 불변하는 실체들이 병렬하면서, 다른 본질로 채워진 다른 실체들과 격리된 채 관계 맺고 있다. '있는 것'으로 보이는 것과 '없는 것'으로 보이는 것은, 서로 교체되거나 허용 내지 공존할 수 없는 '고유한 불변의 본질'로 채워진 실체로 간주된다. '긴 것'과 '긴 것 아닌 것', '큰 것'과 '큰 것 아닌 것', '검은 것'과 '검은 것 아닌 것'은, 어떤 고유한 본질의 '있음'과 '없음'으로 받아들인다. 세간의 통념이 일상적으로 채택하는 '있음有'과 '없음無'이라는 말은, 모든 가시적·유형적 존재를 실체로 처리하는 인식 범주를 대변한다.

중생 마음이 실체로 읽어내는 것은 유형의 가시적 존재만을 대상으로 하지 않는다. '옳음是'과 '그름非', '성스러움聖'과 '속됨俗', '청정淨'과 '염오染'와 같은 무형의 가치판단과 평가에도, 고유한 불변의 본질이나 실체가 담겨 있다고 생각한다. 그리하여 무형의 개념들도 교체나 변화, 공존이 불가능한 상호배제적 관계로 처리된다. 그리고 개념들을 고유의 본질을 지닌 실체로 간주하게 하는 마음 작용은, 개념의 그릇인 언어의 일상적 관행과 깊숙이 관련되어 있다.

실체라는 존재 환각이 걷힌 지평을 기술하기 위해 원효가 채택하고 있는 '있음有/없음無', '옳음是/그름非', '성스러움聖/속됨俗', '청정淨/염오染'라는 대립 개념항들은, 유/무형의 모든 존재와 현상에 실체라는 존재 환각을 부여하여 개념화시키는 언어 기호들의 범주를 대변하고 있다. 그리고 이 언어 개념들이 지시하는 세계를 '창 닫힌 존재들의 격리된 배열과 상호 배제적 만남'으로 읽는 것이 '둘로 보는 마음'이며, 근거 없는 존재 환각에 지배되는 '분별의 마음'이다.

반면, 모든 유·무형의 것들을 분류하고 지시하는 개념 그릇인 언어세계 안에는 그 어떤 고유의 본질적 실체도 담겨 있지 않다는 것을 확연히 알아, 언어와 개념으로 지시되는 존재들이 '상호 격리와 배제'가 아니라 '상호 개방과 포섭'으로 만나고 있는 지평을 고스란히 대면하는 마음이, '하나로 보는 마음자리/하나가 된 마음지평'이다. 이 마음자리에서 본 세계는 '창 열린 존재들의 상호 삼투渗透와 통섭적 만남의 무한현현'이다.

원효에 의하면, 금강삼매의 선정을 성취하면 이와 같은 '하나로 보는 마음자리'에 서게 되고, '하나가 된 마음지평'이 열린다고 한다. 선 수행과 선정의 성취는, 특수한 심리상태나 비일상적이고 일시적인 신비 체험을 발생시키려는 것이 아니라, 근원적 존재 환각을 직접지각으로 꿰뚫어 실

체라는 환각이 걷힌 '하나로 만나는 지평'을 고스란히 대면
하는 마음자리에 서게 하려 함이라는 것. — 이것이 원효
선관禪觀의 한 요목要目이다.

제5장

한 맛으로 펼치는 선禪 수행 (1)

— 일미관행—味觀行의 구조와 의의

원효에 의하면, '하나로 보는 마음자리'에 서게 하는 선 수행의 요점은 '한 맛으로 펼치는 관행—味觀行'이다. 이 수행은 '한 맛—味', '알기觀', '체득하기行'의 세 가지 내용이 융합되어 있는데, 이에 대한 원효의 설법은 음미할수록 깊고 장쾌하여 법열法悅의 환희심을 내게 한다. 조금 길고 현란할 정도이지만, 원효의 사유와 언어가 어떤 지평에서 굴리는 것인지, 또 얼마나 치밀하고 조직적이며 광대 심원한 것인지, 그 일단이나마 엿보기 위해 해당 문구를 그대로 옮겨본다.

이 경전의 근본宗과 요점要은 전개하는 방식開과 모으는 방식

슖의 두 가지로 말할 수 있다. 모아서 말한다면 '한 맛으로 펼치는 관행—味觀行'이 요점이 되고, 전개하여 말한다면 열 가지 진리 전개방식이 근본이 된다. '알고 체득하기觀行'란, '알기觀'는 수평적으로 논하는 것으로서 대상境과 지혜智에 통하는 것이고, '체득하기行'는 수직적으로 바라본 것으로서 원인因과 결과果에 걸쳐 있다. 결과果는 다섯 가지 법이 완전해지는 것을 말하는 것이고, 원인因은 여섯 단계의 수행 과정이 잘 갖추어짐을 말하며, 지혜智는 곧 '본래적 깨달음本覺'과 '비로소 깨달아 감始覺'의 두 깨달음이고, 대상境은 곧 성스러운 진리眞와 속됨俗이(라는 구별이) 함께 없어진 것이다. 함께 없어졌지만 아무것도 없이 아주 없어진 것이 아니고, (본각과 시각의) 두 가지로 깨달았지만 생겨난 것이라 할 것이 없으니無生, 생겨난 것이 없다고 아는 수행은 그윽이 환각적 인식이 사라진 지평無相과 만나게 되고, 환각적 인식이 사라진 도리는 본래적 깨달음의 이익을 저절로 이룬다. 이익은 이미 본래적 깨달음의 이익이라서 얻었다고 할 것이 없기 때문에 참된 자리를 움직이지 않았고, 그 자리는 본래부터의 참된 자리라서 (소유할 수 있는) 실체라는 환각을 여의었기 때문에 참된 진리

또한 (움켜쥘 수 있는) 실체가 아니다(空하다). 모든 부처와 여래가 여기에 간직되어 있으며, 모든 보살이 이 가운데에 따라 들어가니, 이러한 것을 여래장如來藏에 들어간다고 말한다. 이것이 『금강삼매경』6품六品의 핵심 도리가 된다.

이 '알고 체득하는 수행觀門, 觀行門'에서는 처음의 '수긍하여 이해하는 단계信解'로부터 '깨달음과 같아진 단계等覺'에 이르기까지 여섯 가지 수행을 세운다. 여섯 가지 수행이 완전하게 충족될 때, 환각적 분별을 그친 마음자리9識가 드러나 환각의 오염이 없는 인식無垢識을 드러내어 참모습이 구현된 세계淨法界를 이루고, 환각적 분별을 행하던 인식들을 바꾸어 네 가지 지혜를 이루니, 이 다섯 가지가 이미 완전해져서 진리의 세 가지 몸三身이 구비된다.

이와 같이 '여섯 단계의 수행 과정을 잘 갖추는 것因'과 그 결과로서 '다섯 가지 진리가 완전해지는 것果'은, '성스러운 진리眞과 속됨俗이(라는 구별이) 함께 없어지는 것境' 및 '본래적 깨달음本覺과 비로소 깨달아 감始覺에 통하는 것智'과 별개가 아니며, '성스러운 진리眞와 속됨俗이(라는 구별이) 함께 없어지는 것境'과 '본래적 깨달음本覺과 비로소 깨달아 감始覺에 통하는 것智'도 별개의 것이 아니라서 오직 한 맛—味이니, 이러한 '한 맛으로 펼치는 관행—味觀行'을 이 경전의 근본으로 삼는다. 그러므로 대승법의 특징이 모두 포섭되고 무량한 뜻의 종요가 모두 들어가 있으니, '명칭은 공연한 것이 아니다'라는 것은 이것을 일컫는 것이다. 일미관행을 종합하여 논하여 대략적으로 서술하자면 이와 같다.

'전개하여 말한다면 열 가지 진리 전개방식이 근본이 된다'는 것은, 하나로 펼치는 방식—門에서부터 나아가 열로 펼치는 방식+門에까지 이르는 것을 말한다. 하나로 펼치는 방식—門이란 무엇인가? 하나가 되는 마음—心 가운데 하나가 되는 생각—念이 움직여, 하나가 되는 진실—實을 따라, 하나가 되는 체득—行을 하여, 하나가 되는 가르침—乘에 들고, 하나가 되는 길—道에 머물러, 하나가 되는 깨달음—覺을 써서, 한 맛—味을 깨닫는 것이다. 둘로 펼치는 방식二門은 무엇인가? 생사와 열반二岸에 머무르지 않아 범부와 성문의 무리二衆에서 벗어나고, '실체적 자아와 실체적 존재二我'에 집착하지 않아 '항상 있다는 견해와 아주 없다는 견해二邊'를 여의며, 자아와 존재의 공성二空에 통달하여 성문과 연각의 소승二乘에

떨어지지 않으며, 세간 진리와 출세간 진리二諦를 함께 융합하고, '진리에 대한 수긍과 이해로 터득하기理入'와 '체득으로 터득하기行入'의 두 가지 터득하기二入에 어긋나지 않는 것이다. 셋으로 펼치는 방식三門이란 것은, 세 부처(법신, 보신, 화신)에 스스로 귀의하여 삼취정계(三聚淨戒; 攝律儀戒, 攝善法戒, 攝衆生戒)를 지니며, 세 가지 진리三諦를 좇아 세 가지 해탈과 등각의 세 경지等覺三地와 묘각의 세 가지 몸妙覺三身을 얻으며, 세 가지 공三空聚에 들어가 욕계/색계/무색계에 집착하는 마음三有心을 없애는 것이다. 넷으로 펼치는 방식四門이란 것은, 사정근四正勤을 닦고 사신족四神足에 들어가며 네 가지 큰 인연의 힘으로 행주좌와四儀가 항상 이로우며 사선四禪을 초월하고 네 가지 비방을 멀리 여의며 네 가지 광대한 서원四弘地 가운데서 네 가지 지혜가 흘러나오는 것이다. 다섯으로 펼치는 방식五門이란 것은, 5음五陰, 五蘊에서 생겨나 50악을 갖추기 때문에 5근(五根; 信, 精進, 念, 定, 慧)을 심고 5력五力을 길러 다섯 가지 공의 바다五空海를 건너고 다섯 가지 경지(五等位; 信位, 思位, 修位, 行位, 捨位)를 넘어 다섯 가지 청정한 법五淨法을 얻어 다섯 세계 중생을 제도하는 것과 같은 것들이다. 여섯, 일곱, 여덟, 아홉 등으로 펼치는 방식은 어떤 것인가? 육바라밀 수행을 구족하여 여섯 감관으로 들어오는 오염六入을 영원히 제거하며, 칠각지를 수행하여 일곱 가지 오염세계七義科를 없애고, 여덟 가지 알음알이의 바다가 맑아지고, 제9식의 흐름이 청정해지는 것이다. (마지막 열로 펼치는 방식十門은) 열 가지 수긍하는 단계十信에서 시작하여 열 가지 경지十地에 이르기까지 온갖 수행을 갖추고 모든 능력이 완전해지는 것이다. 이와 같은 여러 전개방식이 이 경전의 근본宗이 되니, 이것은 모두 이 경전 구절에 있다. 그 해당하는 문장에서 설명하겠다. 그런데 뒤의 아홉 가지 전개방식九門은 모두 하나로 펼치는 방식一門에 들어가서, 하나로 펼치는 전개방식이 나머지 아홉 방식을 가지고 있으니, (결국) '한 맛으로 펼치는 관행一觀'을 벗어나지 않는다. 그러므로 전개해도 하나에서 더 늘어나지 않고, 모아도 열에서 더 줄지 않으니, 늘지도 않고 줄지도 않는 것이 이 경전의 근본과 요점宗要이 된다「금강삼매경론」, 한불1-604b-605a.

원효는 『금강삼매경』의 수행체계를 관통하는 수행법을

'일미관행—味觀行'이라는 말로 읽어낸다. 그리고 일미관행은 '한 맛—味', '알기觀', '체득하기行'라는 세 개념으로 짜여 있다. 『금강삼매경론』에서 구사되는 관행이라는 용어의 의미맥락을 짚어볼 때, 관觀은 지적 개안과 관련되고, 행行은 마음 지평의 전환을 핵심조건으로 하는 실존적 체득을 의미한다. 그래서 관행을 '알고觀 체득하기行'로 풀어썼다. 『금강삼매경』을 매개로 삼아 『금강삼매경론』을 통해 밝히는 원효의 선 수행법은 일미관행에 압축되어 있다. 다시 말해 선禪의 사상과 체계 및 수행방법론을 관통하는 일반 원리는 일미관행이다. 일미관행은 원효 선학禪學의 중추이며 선관禪觀의 핵심이다.

일미관행에서 특히 주목해야 할 대목은 두 가지다. 하나는 '알기觀'와 '체득하기行'를 결합하여 삼매를 성취하는 선 수행 체계를 구성하고 있다는 점이고, 다른 하나는 '알기'와 '체득하기'의 다양한 수행들을 모두 '한 맛'이라 부르는 융섭融攝 관계로 포괄하고 있다는 점이다. 지적 통찰을 삼매 성취의 한 축으로 설정하는 동시에, 그 '지적 개안觀'과 '마음 전환을 핵심조건으로 하는 체득하기行' 수행들을 통섭通攝적으로 융합하고 있다. 지적 성찰을 축적해 가는 수행들觀과 마음지평 전환의 체득 수행들行이 상생적으로 상호 결합되어 있음을 알리는 언어가 '한 맛一味'이다.

'한 맛'이라는 말을 원효는 여러 형태로 변주하고 있다. 6품 해석학에서 6품이 모두 공성의 한 맛으로 꿰어져 있다는 점에서 '오직 일미一味'라고 하듯이, '한 맛'의 근거는 공의 지평이다. 환각인 불변의 독자적 본질이나 실체를 세우는 상相분별이 해체되었을 때 드러나는 존재의 참모습을 지칭하는 초기불교의 용어가 무아無我라면, 대승교학이 즐겨 채택하는 용어는 공空/공성空性/진여眞如다. 『금강삼매경』 6품이 하나같이 공空인 진여의 세계를 다양한 방식으로 펼친다는 점에서 '한 맛'이라는 것이다. 그리고 일미관행에서 '알기'와 '체득하기' 수행이 한 맛으로 융합되는 것도, 이 수행들이 모두 공인 진여와 접속하기 때문이다. 원효가 빈번하게 역설하는 '성스러움/진리眞와 속됨/비진리俗의 한 맛'이나 '소승과 대승의 한 맛'도, '공인 진여로의 수렴'이나 '진여지평으로부터의 발산'이라는 것을 근거로 전개하는 일미의 논리다. 이렇게 공성空性인 진여 지평에서 '알기와 체득하기', '세속과 초월', '소승과 대승' 등을 '한 맛'으로 굴릴 수 있는 경지를 원효는 '일승一乘(하나로 태우는 수레)'이라 부른다.

대승불교는 '자기의 진리다운 이익을 성취하는 행위自利行'와 '뭇 중생이 진리다운 이익을 성취하도록 돕는 행위利他行'의 결합을 역설한다. 그리고 자기이익과 타자이익을 그렇게 함께 추구하는 구도자 유형을 '보살菩薩, bodhisattva'이라 부른다. 또 보살이 진리다운 자기이익과 타자이익 성취를 완성시켜 가는 과정을 단계별로 분류한 것이 '보살의 수행단계菩薩階位'다. 보살의 수행단계에 대한 분류법은 대승불교 문헌에 따라 차이를 보여주는데, 가장 널리 수용되는 대표적 분류법은, 『화엄경華嚴經』 계통 경전인 『보살영락본업경菩薩瓔珞本業經』에 등장하는 10신十信 · 10주十住 · 10행十行 · 10회향十迴向 · 10지十地 · 등각等覺 · 묘각妙覺의 '52단계 구분체계52位'다. 신라인으로서 현장玄奘, 602-664 문하에서 유식학을 익혀 규기窺基, 632~682와 더불어 중국 법상종 양대 축의 하나가 된 원측圓測, 613-696도 52위 수행계위를 채택하고 있다.

원효의 『금강삼매경론』도 52위 체계에 의거하여 관행觀行수행과 삼매에 관한 관점을 펼치고 있다. 그에 의하면,

52위 가운데 10신과 10주의 수행단계는 구도자 자신의 진리다운 이익을 성취해 가는 수행自利行이 초점이고, 10행과 10회향 단계는 타자들로 하여금 진리다운 이익을 성취하게끔 기여하는 것利他行이 수행의 초점이 된다. 그리고 10지부터는 자리행과 이타행이 근원에서 하나로 결합하는 경지가 펼쳐지게 되며, 등각과 묘각에 이르러 그 완벽한 경지가 된다. 따라서 수행의 차원에서 중요한 분기점은 10지가 된다. 10지 이전과 이후의 경지는 그 차원에서 확연히 구분된다. 원효는 이 점을 주목하고 있다. 그리하여 선 수행과 삼매의 성취 수준에 관한 원효의 관점과 설명은 시종일관 10지를 기준으로 그 차이를 분간해 간다.

10지 이전의 경지地前位와 이후의 경지地上位의 차이를 중시하는 원효의 선 수행론에서 볼 때, 공성인 진여 지평 위에서 '알기와 체득하기', '세속과 초월', '소승과 대승'을 '한 맛'으로 굴릴 수 있는 일승의 경지는 10지十地 범주에 들어야 가능하다. 즉 10지 범주의 첫 번째 단계인 초지初地 이상이 되어야 '한 맛'을 누릴 수 있는 구도자(보살)가 된다. 원효는 선수행의 초점을 자리행과 이타행이 하나로 결합되는 지평에 두고 있으며, 따라서 10지의 초지를 중요한 분기점으로 삼고 있다. 그의 일미관행은 자리행과 이타행이 '한 맛'으로 결합되어 펼쳐지는 일승의 경지다.

『금강삼매경』은 '금강삼매'를 성취하여 깨달음을 완성시키는 길을 설하는 경전이다. 따라서 금강삼매가 어떤 경지이며 어떻게 수행해야 그것을 성취할 수 있는지를 밝히는 것이 핵심이다. 원효의 『금강삼매경론』도 이 문제에 집중하고 있다. 불교에 대한 해석학적 궤적인 교학敎學사상사에서는 통상 삼매성취의 수행법을 '선禪 수행'으로 범주화시키면서, 그 내용은 '고도의 마음집중 수행'으로 정리한다. 그리고 이러한 선 수행에서는 견해나 관점을 바꾸어 가는 지적知的 개안은 무익하거나 장애가 되는 지식 훈련으로 간주하여 부정적으로 취급한다. 이러한 태도의 연장선에서 선종禪宗 후기의 간화선 전통에서는, 모든 유형의 지적 이해를 '분별 알음알이 지해知解'로 간주하는 반反언어문자, 반反지식주의까지 등장한다.

금강삼매는 고도의 선정 경지다. 따라서 선종의 반反언어/지식주의에 상응하는 선학禪學 전통에서 보면, 금강삼매를 성취하는 선 수행과 '언어를 매개로 한 지적 개안'은 명백히 충돌한다. 그러나 흥미롭게도 『금강삼매경』은, 대승 교학의 핵심 통찰을 담은 언어들을 망라하면서, 그 언어들을 매개로 한 지적 개안을 금강삼매 성취의 한 축으로 설정하고 있다. 원효는 그 점을 관觀이라는 말에 담아 밝히고 있다. 이런 점에서, '알기觀와 체득하기行를 두 축으로 삼아 삼매를 성취하는 수행체계를 구성하고 있는 것이 『금강삼매경』의 선학禪學'이라고 풀이하는 원효의 선관은 주목된다. 선종 맥락의 선관으로서는 이색적이며, 불화를 일으킬 수 있는 내용이다.

지적/언어적/철학적 개안을 삼매 성취의 한 축으로 설정하고 있는 원효의 일미관행은, 선학 내지 선 수행과 관련하여 주목해야 할 태도와 안목을 담고 있다. 원효의 선관은 반이론/반언어 경향이 통념을 지배해 버린 선종의 그것과는 사뭇 다른 것인데, 이에 대해서 두 가지 평가가 가능하다. 하나는, 원효의 선관이 이론적 경향으로 기울어져 선학에 무리하게 교학을 접목시키려고 한다는 평가다. 선종의 반지식/반언어 통념의 입장에서 내릴 수 있는 평가일 것이다. 다른 하나는, 반이론/반언어의 통념은 선학에 대한 오해 내지 편견이라는 것을 일깨워줌으로써 선禪으로 하여금 붓다 전통의 본래 자리로 복귀시키는 길을 여는 균형 잡힌 선관이라는 평가이다. 필자의 입장은 후자이다.

붓다 가르침의 육성 원형을 가장 풍부하게 전하고 있는 니까야 경전들이 전하는 선禪은 분명, 언어를 통한 지적 통찰과 견해 교정을 삼매의 토대 내지 조건으로 삼고 있다. 이해/관점/견해를 치유하는 수행慧學과 마음국면을 바꾸는 수행定學이 삼매 성취의 조건으로서 결합하고 있다. 그리고 원효의 선관은 니까야가 전하는 붓다의 선관에 부합하고 있다. 이런 점을 감안하여 필자는, 원효의 선관이 신라 말 이후 한국 선불교를 장악한 선종의 선관을 재음미할 수 있는 근거와 내용을 제공한다고 본다. 대승교학의 성과를 집대성하면서 선학의 체계를 천명하고 있는 원효의 선관은, 선의 특화된 형태인 선종의 선관이 초래한 편향성이나 결핍을 보정해 주는 내용을 지니고 있다. 나아가 붓다의 정학定學에 대한 남방불교의 해석학적 전통에 내재된 편향이나 결핍도 성찰케 하여, 붓다 정학의 본래 자리가 회복되는 데 기여할 수 있다고 본다. 특히 원효의 선관과 선종의 선관이 지니는 생명력들이 상호 결합한다면, 붓다 정학의 오의奧義를 발굴하는 데 결정적 역할을 할 수 있다고 전망한다.

원효에 의하면, '성스러운 진리眞와 속됨俗을(眞과 俗이라는 말을) 서로 섞일 수 없는 불변의 이질적 본질을 담고 있는 별개의 것이라고 분별하는 오해를 그치는 것'과 '본래적 깨달음本覺 및 비로소 깨달아 감始覺의 두 깨달음에 통하는(이해가 열리는) 것'을 관통하는 핵심 원리는 '알기觀'이고, 보살의 수행단계菩薩階位인 '수긍하고 이해하는 단계信解'로부터 '깨달음과 같아진 단계等覺'에 이르기까지의 여섯 경지(十信, 十住, 十行, 十廻向, 十地, 等覺)를 잘 갖추어 다섯 가지 진리(大圓鏡智, 平等性智, 妙觀察智, 成所作智, 淸淨法界)가 완전해지는 과정을 꿰고 있는 특징은 '체득하기行'이다.

그리고 이 알기觀와 체득하기行는 종으로나 횡으로나 서로 통하여 '한 맛—味'으로 포섭包攝된다. '여섯 단계의 수행 과정을 잘 갖추어因' '다섯 가지 진리가 완전해지는 것果'은, 그 내용상 '성스러운 진리眞와 속됨俗이(라는 분별이) 함께 없어지는 것境' 및 '본래적 깨달음本覺과 비로소 깨달아 감始覺이 둘이 아닌 경지에 이르는 것智'과 통하는 것이므로, 둘은 '한 맛'이다. 또한 '성스러운 진리眞와 속됨俗이(라는 분별이) 함께 없어지는 것境'은 바로 '본래적 깨달음本覺과 비로소 깨달아 감始覺의 내용智'이기도 하다는 점에서, 이 또한 '한 맛'이다. 이러한 '한 맛으로 펼치는 관행一味觀行'이 『금강삼매경』 선관 禪觀의 근본이라는 것이다.

'성스럽다는 개념판단眞/聖'이나 '속되다는 개념판단俗'과 같은 모든 언어적 개념들이 본질을 달리하는 상호 배타적 실체가 아니라고 '참되게 알고', '본래적 깨달음本覺' 및 '비로 소 깨달아 감始覺'이라는 말은 모두 실체 환각이 사라져 참 모습이 드러나는 동일한 국면을 지시하는 것일 뿐이라는 '지적 개안'을 성취해 가는 것이 '알기觀' 수행의 핵심이다. 그리고 이러한 지적 전망을 간수해 가면서觀, '공감하고 이 해하는 단계信解'로부터 '깨달음과 같아진 단계等覺'에 이르기 까지, 마음지평의 전환을 핵심으로 하는 체득적 성취수준 을 높여가, 마침내 '알기'가 완전해져 진리 세계法界와 하나 가 되는 것이 '체득하기行' 수행이다.

이 알기觀와 체득하기行는 내용상 서로 통하니 '한 맛一味'

이라 할 수 있다. 그리고 알기觀와 체득하기行를 이와 같이 '한 맛'으로 통섭通攝시켜 챙겨가는 것이, '한 맛으로 펼치는 관행—味觀行'이다. '이해 바꾸기'와 '마음 바꾸기'의 통합적 상호작용이 일미관행인 셈이다. 이 일미관행—味觀行의 선禪에 의해 '하나로 보는 마음자리'에 서게 되고 '하나가 된 마음지평'이 열린다. 그러나 이 '한 맛으로 펼치는 선 수행—味觀行'과 '하나로 보는 마음자리/하나가 된 마음지평'은 일방적 인과관계가 아니고 쌍방적 인과관계로 맺어져 있다. '한 맛으로 펼치는 선 수행'을 하면 '하나로 보는 마음자리/하나가 된 마음지평'이 열리는 동시에, '하나로 보는 마음자리/하나가 된 마음지평'이 열려야 '한 맛으로 알고 체득하기'가 온전한 수준에서 가능해진다. 그러므로 일미관행—味觀行과 일심—心도 '한 맛—味'으로 통한다.

일미관행이 일종의 돈오점수頓悟漸修적 구조를 지니고 있다는 점도 주목해야 한다. 알기觀 수행이 펼쳐놓는 이해는 즉각적이고 동시적인 지적知的 전회轉回라는 점에서 수평적 지평이고, 체득하기行 수행이 드러내는 전인적全人的 성취는 시간에 따른 점차적인 실존적 전이轉移라는 점에서 수직적이다. 따라서 '성스러운 진리眞와 속됨俗이(라는 분별이 미망임을 이해하여) 함께 없어짐境'과 '본래적 깨달음本覺과 비로소 깨달아 감始覺에 (이해가 열려) 통하는智' 알기觀는, '단박에/단번에'라 할 수 있는 일종의 돈오頓悟 지평에 해당하고, '여섯 단계의 수행 과정을 잘 갖추어因' 그 결과로서 '다섯 가지 진리가 완전해지는果' 체득하기行는, '점차/차츰차츰'의 점수漸修 지평이라 할 수 있다. 그렇다면 알기觀와 체득하기行를 수평橫과 수직竪에 배정하는 동시에 양자를 하나로 결합시키는 원효의 일미관행一味觀行은, 구조상 '깨달음의 돈오점수적 결합'이 된다. 이 점은 깨달음 및 수행의 요점을 '돈점頓漸'의 문제로 파악하는 돈점론 패러다임을, 선종禪宗 내부의 문제로만 국한시키지 않을 수 있다는 점을 시사한다. 필자는 돈점론이 니까야 이래 모든 불교 수행론을 관통하는 보편적 문제로 본다.

제6장

한 맛으로 펼치는 선禪 수행 (2)

— 일미관행一味觀行의 내용

붓다의 정학定學과 대승의 유식唯識

원효가 역설하는 일미관행의 수행은 구체적으로 어떻게 하는 것인가? 붓다는 해탈 수행법을 세 유형으로 나누어 설한다. 무지의 망상분별과 그로 인한 실존 오염을 치유하기 위해 세 가지 방향에서 접근할 것을 제안한다. 관점/견해/이해의 치유수행慧學, 마음 치유수행定學, 행동 치유수행戒學이 그것이다. 이 세 유형의 수행이 상호 결합하고 작용하면서 근원적 무지를 밝히는 궁극적 이해解脫知見를 성취한다. 이 붓다의 해탈 수행에 대한 해석학적 이론체계가 이른바 교학敎學이다. 그리고 불교 교학의 계보, 특히 대승교학의 계보는 크게 두 계열로 발전해 간다. 하나는 무아의 지평을 관점/견해/이해로 포착하는 데 초점을 두고 이론체계를 발전시켜 간 것인데, 공空의 철학을 펼치는 중관中觀교학이 그 계열을 대표한다. 다른 하나는 무아의 지평을 마음 국면에서 포착하는 데 초점을 두고 이론체계를 발전시켜 간 것인데, 마음의 철학을 펼치는 유식唯識/유심唯心교학이 그 계열이다. 전자는 혜학慧學 수행의 계승이고, 후자는 정학定學 수행의 연장선에 있다.

대승교학의 두 축은 이 중관과 유식이다. 비록 양자가 모두 무아(대승교학에서는 주로 공으로 표현한다) 지평을 목표로 삼지만, 그 접근방식은 차이가 뚜렷하다. 양자가 모두 공성空性의 진실세계(眞如라 부른다)를 겨냥하고, 또 그 성취의 길임을 천명하지만, 그 성격과 내용은 다르다. 마치 산 정상으로 나아가는 다른 길과 같다. 붓다의 가르침 속에서는 양자가 융섭 관계를 유지했지만, 후기 대승교학의 역사에서는 선택적 편향성이 생겨난다. 그리하여 대승교학 전통에서는 중관과 유식의 이 상이한 성격을 두고 심각한 논쟁이 벌

어지기도 했다. 원효 역시 중관과 유식의 주요 문헌을 전부 섭렵하면서 양자의 상이한 개성을 숙지했기에, 이 논쟁을 배타적 다툼이 아니라 통섭적 담론으로 소화하려고 노력하고 있다.

붓다의 경우, 견해치유 수행인 혜학, 마음치유 수행인 정학, 그리고 행동치유 수행인 계학 모두가 충분히 성취되어야 해탈의 조건이 완비된다는 입장이다. 그럼에도 이 세 유형의 수행이 동일한 지위나 비중으로 설해지는 것은 아니다. 근원적 무지를 밝히는 궁극 지혜를 성취하는 것이 해탈의 최후 관건이고, 그를 위해서는 견해와 행동의 교정이 필수적이고 중요하긴 하지만, 그럼에도 붓다가 실제 수행에서 가장 역점을 두어 설하고 강조하는 것은 마음치유 수행인 정학이고 선 수행이다. 이 점은 니까야 전편에 걸쳐 목격되는 뚜렷한 특징이다.

붓다가 정학 내지 선 수행을 특별히 강조하는 것은 인간 실존에 대한 그의 통찰의 산물로서 충분한 이유가 있다. 이 글에서 이 점을 상세히 기술하지는 않겠지만, 붓다 설법의 비중과 중심이 정학의 선 수행에 있다는 것은 명백하다. 이

점을 염두에 두고 기존의 남방 상좌부 전통이나 북방 대승 교학 전통을 음미하면, 간과할 수 없는 문제점들을 목격하게 된다. 남방과 북방의 교학전통이나 현대 불교학을 통틀어, 정학 선 수행에 대한 이해와 탐구 내용이 상대적으로 가장 취약하다. 이 문제는 불교 이해와 탐구의 미완의 과제이자 매우 중요한 현안이다.

붓다는 정학 선 수행의 필요성에 특히 역점을 두었다는 관점이 타당하다면, 혜학 계열의 중관과 정학 계열의 유식 가운데 아무래도 유식계열의 교학에 더 무게를 싣는 것이 붓다의 수행론에 상응한다고 말할 수 있다. 혜학이나 중관의 의미나 필요성을 과소평가하는 것이 아니라, 정학 선 수행의 위상을 붓다의 입장에 맞추어 판단할 때 그러하다는 말이다. 필자가 볼 때 한국, 중국, 일본의 동북아시아 대승 불교를 주도해 온 것은 사실상 유식/유심교학 계열이었다. 선종의 경우는 이러한 경향이 특히 뚜렷하다. 학계에서는 중관을 주도적 위치로 이해하거나 여래장사상에 중심을 두는 경향이 일반적이지만, 이러한 견해는 비판적으로 검토되어야 한다. 특히 선종 선사상을 중관적 공사상이나 여래장사상으로써 읽어내려는 경향이 농후한데, 필자는 그런 관점이 부적절하다고 생각한다.

그런 점에서 원효의 태도는 주목된다. 원효는 중관과 유식 교학을 자유롭게 채택하여 구사한다. 또한 중관과 유식을 통섭적으로 결합시키려는 태도도 뚜렷하다. 그러나 원효의 교학적 관심과 비중으로 볼 때 유식학이 단연 돋보인다. 그는 화엄, 여래장, 중관 등 7세기 동북아시아 대승교학의 주요 사상들을 모두 탐구하고 필요에 따라 거리낌 없이 저술에 활용하지만, 그 가운데서도 특히 유식/유심 교학에 대한 그의 관심과 비중은 압도적이다. 그의 말기저술인 『금강삼매경론』에서는 『대승기신론』의 일심/본각/시각/여래장 사상을 유식교학의 맥락에서 소화해 가면서, 7세기 대승교학의 주요 사상주제와 개념들을 총괄하여 선사상을 펼치고 있는데, 여기에서도 그 중추는 단연 유식계열의 통찰과 교학이다. 원효 사상의 교학적 중추는 유식이기에, 원효와 대화하기 위해서는 '정학-유식-선'의 맥락을 천착하여 놓치지 말아야 한다.

붓다의 선禪과 유식무경唯識無境

원효가 『금강삼매경』 선 수행의 총괄개념으로 천명하는 일미관행의 구체적 내용도 그 핵심은 유식관唯識觀이다. 금강삼매의 성취에 필요한 이해계발 수행인 알기觀는 유식무경唯識無境의 도리에 지적으로 눈떠 그 이해를 간직, 강화해가며 이를 삶에 적용해 가는 수행이고, 체득하기行는 유식무경의 마음국면을 포착하여 간수해 가면서 그 마음국면을 삶에 구현시켜 가는 수행이다. 유식의 지적 수용이 관觀, 인식적 수용이 행行인 셈이다. 원효가 천명하는 일미관행은 유식무경의 지적 수용에서 출발하여, 그 지적 전망을 토대로 유식무경의 마음국면을 포착해 간수해 가는 데서 본격화되며, 그 유식무경의 마음국면을 중생 교화의 이타행과 결합시키면서 심화되어 가다가, 마침내 금강삼매의 성취로까지 나아간다. 그리고 금강삼매를 성취함으로써 부처의 깨달음과 유사한 경지等覺가 되고, 그것이 더 완숙하면 마침내 부처 경지妙覺가 된다. 그렇다면 일미관행의 구체적 수행은 결국 유식의 도리, 즉 '유식무경唯識無境의 도리를 수용해

가는 것(모든 주객 경험을 붙들고 빠져나가지 않는 마음자리 열기)'이
핵심이자 관건이 된다.

유식철학의 핵심 원리인 '유식무경'이 과연 무엇을 알려
주려는 것인지, 유식무경의 지평은 어떤 것인지에 대해서
는 탐구의 여지가 많다. 이와 관련한 전통적 유식 해석학의
관점도 비판적으로 재음미할 필요가 있다. 유식의 언어와
논리를 이해하는 기존의 심리학적, 존재론적, 수행론적 관
점들이 비록 유용하지만, 새로운 이해 가능성을 열어두고
탐구해야 한다. 유식의 언어와 논리는 기본적으로 정학定學,
즉 선정 수행의 맥락에 있기 때문에, 유식 언어는 그 언어
에 담고자 한 선 수행의 경험에 상응하는 체험이 선행조건
으로 갖추어져야 제대로 이해가 된다는 점이 가장 큰 난관
이다.

개인적 소견으로는, 대승의 유식은 니까야가 전하는 붓
다의 선 수행과 삼매를 파악하는 데 매우 요긴하다. 유식과
선종의 선 그리고 니까야 정학의 언어를 통섭적으로 탐구
하는 것이 필자의 일관된 관심사이기도 하다. 원효는 기본
적으로 유식에서 선禪의 관문을 열고 있다. 그리고 그의 이

러한 선관은 매우 적절하며, 붓다가 펼친 선학의 핵심에 접
근하고 있는 것이라 생각한다. 원효의 선관禪觀은 붓다의 선
학을 탐구하는 데 매우 요긴한 내용을 듬뿍 지니고 있다.

유식 수행의 핵심을 전하는 '유식무경唯識無境'은, 붓다 선
학의 요결要訣을 담고 있는 sati念의 '알아차림pajānāti' 국면을
밝혀주는 결정적 단서라 생각한다. '불변의 독자적 본질이
나 실체를 설정하는 상相분별의 환각적 인식계열'에 빠져들
지 않는 마음자리를 알려주기 때문이다. sati念의 중추라 할
'알아차림pajānāti'이 "상분별 인식계열의 범주 자체를 '알아차
려 지켜보는/알아차려 빠져나오는/알아차려 빠져들지 않
는' 마음국면을 열어주는 언어의 문"이라는 점을 알려주는
것이, 바로 유식무경일 수 있다고 생각한다. 더 자세한 내
용은 필자의 선행 연구와 향후의 탐구에 넘겨 둔다.

일미관행의 내용 개괄

『금강삼매경론』에서 원효는 관행의 수행을 그 차원에 따
라 두 부류로 나눈다. 하나는 방편관方便觀(수단이 되는 관행)이

고, 다른 하나는 정관正觀(온전한 관행)이다. 정관은 진관眞觀(참된 관행)이라고도 한다. 붓다가 설한 선 수행은 구분되는 두 국면을 토대로 전개되는데, 하나는 '그침止, samatha'의 국면이고, 다른 하나는 '살핌/이해함觀, vipassanā'의 국면이다. 붓다 이후 모든 불교 전통에서는 이 지止와 관觀을 선정 수행의 두 축으로 간주한다. 『금강삼매경론』의 방편관은 이 지 수행과 관 수행이 각자 그 고유성을 발휘하는 수행단계이다. '지'의 '그침' 국면과 '관'의 '살핌/이해' 국면이 각기 자기 고유의 특징을 발전, 심화시켜 가면서 상승적으로 상호 작용하는 단계다. 이에 비해 정관/진관은 지와 관을 하나의 지평에서 융합적으로 펼쳐가는 수행단계다. 구체적으로는 유식무경唯識無境의 유식 지평에서 '그침' 국면과 '살핌/이해' 국면을 동시적으로 구현해 가는 경지다. 유식무경의 도리를 챙겨 '그침'을 구현하는가 하면, 역시 유식무경의 도리를 챙겨 '살핌/이해'를 구현하기도 한다. 이것을 '그침과 살핌을 동근원적으로 함께 굴림止觀雙運'이라 부른다.

보살 수행의 52단계52位에 비추어 보면, 10지十地 이전인 10신十信 · 10주十住 · 10행十行 · 10회향十廻向 단계에서의 관행은 모두 방편관에 속하고, 10지의 초지初地부터의 관행은 정관에 해당한다. 원효는 10지 이전과 이후의 차이를, 자리행과 이타행의 결합 여하를 기준 삼아 주목하고 있다. 그에 의하면, 자리행과 이타행이 하나로 결합되는 경지에 들어서야 진정한 보살이라 할 수 있으며, 그 분기점은 10지의 초지이다. 관행을 방편관과 정관으로 구분하는 것도 이 기준에 맞추고 있다. 자리행과 이타행을 하나로 결합시킬 수 있는 관행이면 '온전한 관행正觀'이고 '참된 관행眞觀'이며, 그렇지 못하면 그 경지에 접근하기 위해 수단이 되는 방편관이다.

관행이 참됨(공성인 진여)과 접속하는 수준인 정관/진관이 되면, 객관과 주관에 대한 상相분별이 해체되어, 환각과 오해의 분별을 일삼던 '오염 인식(알음알이/분별심/분별지)'이 참모습을 그대로 보는 '지혜 인식(무분별지)'으로 바뀐다. 그리하여 공성인 존재의 참모습(진여)을 비로소 대면하게 된다. 이것을 '시각始覺(비로소 깨달음)'이라 한다. 그런데 존재의 참모습인 이 공성의 진여는 본래부터 그러한 모습이다. 무지에 오염된 인식에 의해 왜곡되고 가려졌을 뿐이다. 이 본래의 참모습 국면을 '본각本覺(본래 깨달음)'이라 부른다. 따라서

'비로소 깨달음始覺'은 곧 '본래부터의 깨달음本覺'이기도 하다. 이러한 의미 맥락을 원효는 '일각—覺(하나인 깨달음)'이라 부른다. 관행 수행이 10지의 초지 이상이 되면 일미관행의 정관이 되어 존재의 참모습(진여)에 직접 접속하는 시각이 드러나고, 시각이 곧 본각이라는 것을 아는 일각 지평이 열린다.

종합하자면, 일미관행은 '온전한 관행正觀' 혹은 '참된 관행眞觀'으로서, 유식무경唯識無境의 유식 지평에서 '그침止'과 '살핌/이해觀'를 마치 한 몸의 두 발처럼 동근원적同根源的으로 수립해 가면서, 자리행과 이타행을 '한 맛'으로 결합시키고, 다양한 가르침들(소승과 대승)을 '하나가 되게 싣고 가는 수레—乘'를 굴리는 경지로서, 보살 수행의 52단계로 볼 때는 10지의 초지 이상이다. 초지 이상의 경지인 일미관행에 의해 존재의 참모습인 진여 공성에 직접 접속하게 되어 시각을 증득하게 되고, 시각이 곧 본각이라는 일각의 지평에 올라선다. 그러므로 모든 수행은 결국 '한 맛으로 펼치는 수행(일미관행)'으로 수렴되어야 한다. 일미관행이 되기 이전의 관행은 어떤 수행이라도 방편이다. 그러나 그 방편관행이 없으면 일미관행도 없다.

2입二入 / 3행三行 / 5위五位 / 6행六行

원효는 관행이라는 '알기'와 '체득하기' 수행의 전개 및 체계를 『금강삼매경』에 따라 다양하게 수립한다. 대표적인 것이 「여래장품」의 3행(三行; 隨事取行, 隨識取行, 隨如取行), 「입실제품」의 2입(二入; 理入과 行入)과 6행(六行; 십신/십주/십행/십회향/십지/등각의 여섯 경지에 순차적으로 나아가는 수행), 「진성공품」의 5위(五位; 信位, 思位, 修位, 行位, 捨位)에 따른 수행론이다. 원효는 6행과 5위의 내용을 이입二入의 '이해로 터득하기理入'와 '체득으로 터득하기行入'에 맞추어 배정하는데, 6행의 십신/십주/십행/십회향과 5위의 신위信位와 사위思位는 이입理入에, 6행의 십지와 등각 및 5위의 수위修位/행위行位/사위捨位는 행입行入에 해당한다고 한다.

3행(三行; 隨事取行, 隨識取行, 隨如取行)

원효에 의하면, 십지의 초지 이상에서 3행을 통달함으로써 여래장의 바다에 들어가게 된다. 일미관행 수행의 일관된 초점은 '상분별 깨뜨리기'에 있다. 원효의 6품 해석학에 의하면, 이 상분별 깨뜨리기는 『금강삼매경』에서 두 단계로 펼쳐지고 있다. 「무상법품」에서는 존재 일반에 대한 상분별을 깨는 수행을, 「무생행품」에서는 인식 주관(마음)에 대한 상분별을 깨는 수행을 각각 밝힌다. 먼저 존재에 대한 상분별을 깨는 수행으로는 12인연법을 관찰한다. 그리하여 모든 존재가 '조건에 따라 발생緣起'한 것임을 깨달아 그들에 대한 상분별이 '인식의 구성'이라는 것을 아는 유식 입문의 토대를 갖춘다. 이것이 3행 가운데 '존재를 대상으로 하는 수행隨事取行'에 해당한다. 12인연관 외에도 고집멸도 사제四諦를 비롯한 37도품에 따른 지관 수행이 모두 이에 해당하며, 이 수행은 소승이나 대승 모두가 공유한다.

존재가 불변의 독자적 실체가 아니라 연기적 현상이며, 존재에 대한 상분별이 무지에 따른 인식의 허구적 구성이라는 것을 알게 되어도, 만약 인식 주체인 주관/마음을 불변의 독자적 실체로 본다면 여전히 상분별에 지배된다. 따라서 그 주관에 대한 상분별 역시 인식적 허구라는 것을 알 수 있는 수행이 필요하다. 그 수행의 핵심은 유식무경의 유식관을 주관/마음에도 적용하는 것이다. 3행 가운데 '주관을 대상으로 하는 수행隨識取行'이 이 단계에 속한다. 유식무경의 도리를 마음에도 적용하면 '변치 않는 나의 마음'이라는 상분별도 깨진다. 그리고 물질적 베품과 나눔布施, 언어 이타행愛語, 몸 이타행利行, 동참 이타행同事의 네 가지 이타행四攝行을, '나의 마음이 행한다'는 자아의식에 얽매이지 않고 실천함으로써無生行, 이 주관/마음에 대한 상분별을 깨뜨려간다.

주관/마음에 대한 상분별을 깨는 선 수행을, 그저 유식무경이라는 도리를 내면으로 챙기는 것에 국한시키지 않고, 타자 관계에서의 실천 행위를 통해 성취해 가는 것이라 보는 원효의 관점은 주목해야 할 대목이다. 이 '주관에 따라 터득하는 수행隨識取行'은 소승에는 없고 대승에서만 있다는 것이 원효의 관점이다. 따라서 대승 관행의 특징은 유식관이다.

존재와 주관/마음에 대한 상분별이 깨지면 모든 존재의 본래 참모습, 그 공성으로 같아진 지평—如과 접속하게 된다. '한 맛'인 진여眞如와 만나게 되는 것이다. 이 진여의 한 맛 지평 위에서, '그침止'과 '살핌/이해觀'를 한 축의 두 바퀴처럼 동시적으로 펼치고, 자리행과 이타행을 하나로 굴리며, 소승과 대승의 온갖 가르침을 한 수레에 실어 한 맛으로 통섭해 가는 것이, '같음에 따라 행하는 수행隨如取行'이다. 이 경지에서는, 공성인 진여, 그 존재의 본래 참모습에 접속한 채, 이타의 실천과 자기완성을 함께 굴려가는 육바라밀 수행이 펼쳐진다. 이 지평에서는 소승과 대승이 모두 '한 맛인 한 수레—乘'를 탄다.

원효에 의하면, '존재를 대상으로 하는 수행隨事取行'은 소승과 대승이 공유하는 것이고, '주관을 대상으로 하는 수행隨識取行'은 대승에만 있는 수행이기 때문에, 이 두 수행단계는 소승과 대승이 구별되는 차별문差別門이다. 이에 비해 '같음에 따라 행하는 수행隨如取行'은 소승과 대승을 모두 실어가는 한 맛의 한 수레라는 점에서 평등문平等門이다. 그러기에 이 3행의 수행으로 불교의 모든 법문을 총괄할 수 있다고 원효는 말한다. 원효의 일관된 관심사 하나가 상이한 모든 교학의 통섭이라는 것을 다시 확인시켜 주는 대목이다.

'존재를 대상으로 하는 수행隨事取行'은, 37도품의 수행으로써 존재 일반에 대한 상분별을 깨뜨려, 상분별에 따라 생사에 얽매이는 계열에서 풀려나는 것이므로, '생사에 머무르지 않는 수행不住生死門'이다. 니까야가 전하는 37도품의 수행을 존재 일반에 대한 상분별만 깨는 수행이라 할 수는 없다. 37도품은 주관/마음에 대한 상분별을 깨는 가르침이기도 하다. 원효의 37도품 해석은 원효시대의 주류 교학이 대승교학이었다는 점, 대승교학의 대/소승 평가체계 등, 시대조건을 감안하여 이해해야 한다. 그리고 3행 각각의 내용이 그에 해당하는 교학의 실제 내용과 얼마나 부합하는가의 문제보다는, 3행의 분류체계를 통해 드러내는 원효 수행관의 내용과 의미에 주목하는 것이 더 중요하다.

'주관을 대상으로 하는 수행隨識取行'은, 네 가지 이타행四攝行의 실천을 통해, '불변의 독자적 마음'을 설정하여 그것을 열반이라 착각하는 상분별을 깨뜨려, 열반을 실체의 거주지로 착각하는 미망에서 풀려나게 하는 것이므로, '열반에 머무르지 않는 수행不住涅槃門'이다. 그리고 '같음에 따라 행하는 수행隨如取行'은, 공성인 진여에 접속한 채 자리와 이타의 결합적 실천인 육바라밀을 펼치므로, 모든 가르침과 행위 및 관계가 동일 지평 위에서 펼쳐지는 동질의 것이어서 별개로 갈라지지 않는다는 점에서, '평등하여 둘로 나뉨이 없는 수행平等無二門'이다.

2입(二入; 理入과 行入)

『금강삼매경』「입실제품」에서는 다음과 같은 이입二入의 설법이 등장한다.

대력보살이 말했다. "무엇이 '두 가지로 들어감二入'이 마음에 일어나지 않는다는 것입니까? 마음이 본래 일어나지 않는다면 어떻게 들어감入이 있습니까?" 부처님이 말씀하셨다. "'두 가지로 들어감'이란, 첫째는 '이해로써 들어감理入'이고, 둘째는 '체득으로 들어감行入'이다. '이해로써 들어감理入'이란 다음과 같은 것이다. 중생이 참된 성품眞性과 다르지 않으니, 같지도 않고 함께하는 것도 아니며 다만 객진 번뇌에 의해 가려져 있음을 깊이 믿고, (불성이) 가지도 않고 오지도 않음을 이해하는 것覺觀을 굳건히 하며, 불성佛性은 있는 것도 아니고 없는 것도 아님을 명료하게 살펴, 자기도 없고 남도 없으며 범부와 성인이 다르지 않아(다르다고 보지 않아) 금강과도 같은 마음상태로 굳건히 머물러 움직이지 않아, 고요히 왜곡조작이 없어 분별이 없게 되니, 이것을 '이해로써 들어감理入'이라 말한다. '체득으로 들어감行入'이란, 마음이 쏠리거나 의지하지 않고, 대상세계에 따른 요동이 없으며, 존재하는 것에 대해 생각이 동요치 않아 구함이 없어, 흥망성쇠가 몰아쳐도 움직이지 않는 것이 마치 대지와 같으며, 주관과 대상에 대한 상분별을 여의기에 중생을 구제하여도 구제하는 마음이 있다는 생각이 일어남이 없고 구제하는 대상이 있다는 생각도 없어, (중생을) 붙들지도 않고 버리지도 않는 것이다"「금강삼매경」입실제품, 한불1-641c-642a.

'두 가지 방식으로 터득하기二入'는 '이해로써 터득하기理入'와 '체득으로 터득하기行入'를 말한다. 중생의 본래 불성을 제대로 이해하고 그 이해를 굳건히 유지해 가는 것이 '이해로써 터득하기理入'이고, 주관과 대상에 대한 상분별을 마음의 수준에서 깨뜨려 '내가 구제한다'는 생각이나 '중생을 구제한다'는 생각을 일으키지 않은 채 중생 구제의 이타행을 펼칠 수 있는 것이 '체득으로 터득하기行入'다.

원효는 이 두 가지 터득 방법을 보살 수행의 52단계에 배정하여 구분한다. 그에 의하면, 10지 이전의 십신/십주/십행/십회향의 수행단계는 '이해로써 터득하기理入' 범주에, 10지 이후는 '체득으로 터득하기行入' 범주에 해당한다. 10지 이전인 '이해로써 터득하기理入' 수행범주는 방편 관행이고, 10지의 초지 이상인 '체득으로 터득하기行入' 범주부터는 일미관행인 '온전한 관행正觀'이고 '참된 관행眞觀'이다. 10지 이전 '이해로써 터득하기理入' 범주에서는 성취 내용의 순차적 차등을 말할 수 있지만, 10지 초지 이상의 '체득으로 터득하기行入' 범주에서는 그런 차등을 말할 수 없다. '체득으로 터득하기行入' 범주는, 존재의 참모습 지평(본각, 진여)에 접속한 채 자기이익 성취自利行과 타자이익 기여利他行가 상분별 없이 펼쳐지기 때문이다. 그러므로 이 경지에서는 '터득入해도

터득한 바가 없고ᄎᄉ '터득한 바 없이ᄎᄉ 터득ᄉ한다.'

「입실제품」에서는 이입二入 수행을 보살의 수행단계와 결합시키는 내용이 나온다. 십신/십주/십행/십회향/십지/등각의 여섯 가지 경지를 차례로 성취하는 6행六行이 그것이다. 원효에 의하면, 십신/십주/십행/십회향의 네 단계 수행은 '이해로써 터득하기理入'의 범주에 속하고, 십지와 등각의 경지는 '체득으로 터득하기行入' 범주다.

5위(五位; 信位, 思位, 修位, 行位, 捨位)

5위(五位; 信位/思位/修位/行位/捨位를 단계적으로 성취하는 수행)는 『금강삼매경』「진성공품」에 등장한다.

사리불이 말했다. "모든 중생은 일천제一闡提(아직 대승의 마음을 일으키지 않아 대승 진리에 대한 공감이 없는 사람으로서 十信 이전의 단계)로부터 비롯되니, 천제闡提의 마음이 어떠한 계위에 머물러야 여래와 여래의 참모습實相에 이를 수 있습니까?"
부처님이 말씀하셨다. "천제의 마음으로부터 여래와 여래의 참모습에 이르기까지 다섯 계위에 머물러야 한다. 첫째는 신위信位이니, 이 몸 가운데 있는 진여 종자가 분별망상에 가려 있으나 분별망상의 마음을 떨쳐 버리면 청정한 마음이 맑아진다는 것을 믿고, 모든 주관과 객관 대상세계가 개념과 언어意言에 의한 분별이라는 것을 이해하는 것이다. 둘째는 사위思位이다. '사량한다'는 것은, 모든 주/객 대상세계는 오직 개념과 언어意言이며 개념과 언어로써 분별하여 생각대로 나타나 보게 되는 것들은 나의 의식 자체가 아님을 관찰하는 것이다. 이 의식 자체本識는 의미를 나타나게 하는 것法도 아니고 나타내진 의미義도 아니며, 취해지는 대상도 아니고 취하는 주체도 아님을 알아야 한다. 셋째는 수위修位이다. '닦는다'는 것은 항상 일으키는 것인데, (止觀을) 일으키는 것能起과 일으켜짐起을 닦는 것이 동시이니, 먼저 지혜로써 이끌어 모든 장애와 어려움을 밀어내고 번뇌에서 벗어난다. 넷째는 행위行位이다. '행'이라는 것은 모든 수행의 단계를 떠나 마음에 취하거나 버림이 없는 것이니, 매우 청정하고 근기가 예리하게 된다. 동요하지 않는 마음이 여여如如한 것이며, 확고해진 여실한 지평決定實性이며, 궁극적 열반으로서 오직 지평이 공

空하고 광대하다唯性空大. 다섯째는 사위捨位다. '버린다'는 것은 공한 지평에 머물지 않고不住性空 온전한 지혜正智가 흐르는 것이며, 위대한 자비심의 여여한 모습은 그 모습이 여여함에 머물지 않는 것이고, 완전한 깨달음(삼먁삼보리)에도 마음을 비워 (그것을) 증득하였다고 여기지 않는 것이다. 마음에 한계가 없어서 머무는 곳을 볼 수 없으니, 이것은 여래에 도달한 것이다. 선남자야, 다섯 계위는 (시각과 본각이 본래 하나라는 것을 깨닫게 해 주기 때문에) 일각一覺이며, 본각의 이익으로부터 들어가니, 만일 중생을 교화하려면 그 본래 자리本處를 따라야 한다" 『금강삼매경』 진성공품, 한불 1-654a-655c.

5위는 관행의 실천과 그 성취를 다섯 단계로 재구성하여 총괄하고 있다. 첫 단계는 '진실에 대한 신뢰를 형성하는 단계信位'인데, 부처 면모가 모든 중생에게 내재해 있으며 분별망상만 그치면 그 부처가 드러난다는 것을 신뢰로써 수용하는 동시에(존재 차원의 긍정), 주관과 객관으로 나누어 경험하는 세계는 사실 그대로가 드러난 것이 아니라 언어와 그 언어를 집으로 삼는 개념에 의해 '구성된 것(분별)'이라는 점을 이해하는 것이다(유식 도리에 눈뜸). 둘째 단계는 '유식 도리를 이해로써 확보해 가는 단계思位'인데, 모든 주/객관 세계를 '유식무경唯識無境'이라는 유식 도리에 맞춰 그 이해를 축적해 가는 것이다.

셋째 단계는 '지관을 쌍으로 닦는 단계修位'인데, 주/객관에 대한 상분별이 마음 차원에서 깨져 공성의 진여 지평에 접속하게 되어 선 수행의 두 축인 '그침止'과 '살핌/이해觀'를 한 몸처럼 동시적으로 펼치는 경지다. 넷째 단계는 '취하거나 버림이 없는 마음을 펼칠 수 있는 단계行位'인데, 공성인 진여 지평이 확고해져 모든 것이 진리와 하나가 되는 경지가 구현되는 경지다. 마지막 다섯째 단계는 '머무름 없는 단계捨位'인데, 공성의 여여如如한 지평조차 거주지로 삼지 않고 그어느 지평에도 머물지 않으면서 지혜와 자비의 작용을 끝없이 펼치는 경지다.

원효에 의하면, 신위/사위思位는 이입二入 가운데 '이해로써 터득하기理入' 범주에 속하고, 나머지 수위/행위/사위捨位는 '체득으로 터득하기行入' 범주에 속한다. 보살 52위로 보자면, 십신은 신위信位, 십주/십행/십회향은 사위思位, 10지

이상은 수위修位, 등각等覺은 행위行位, 불지佛地, 妙覺는 사위捨位에 해당한다고 한다. 등각 경지인 행위行位에서는 금강삼매에 들어간다. 사위捨位에서는 마침내 '하나로 보는 마음자리/하나가 된 마음지평—心'이 완전하게 되고歸—心源, 그리하여 자기이익과 타자이익을 동근원적으로 결합시켜 펼쳐가는 실천自他不二의 饒益衆生도 완전해진다.

이러한 원효의 관점에 따르면, 5위는 수위修位를 분기점으로 두 차원이 나뉜다. 수위 이전은 주로 '지적 이해에 기반한 수행解行'으로서, '그침止'과 '살핌/이해觀'가 각자 수립되어 상호 작용한다. 또 자리행과 이타행은 '행하여도 행한 바가 없는 지평眞如'에서 하나로 결합되는 수준은 아니다. 이에 비해 수위부터는 지적知的 성취를 기반으로 하여 '마음 지평까지 공성의 진여에 접속하는 수행 내지 경지證行'로서, 주/객관에 대한 상相분별을 모두 깨뜨려 '환각적 분별이 없는 이해와 판단 및 인식無分別智'을 펼칠 수 있게 된다.

수위 이상에서는 공성의 진여 지평에서 '그침止'과 '살핌/이해觀'를 한 동전의 양면처럼 쌍으로 확보하기 때문에, 지관止觀에 들어가는 입정入定이 무리 없이 자연스럽게 이루어진다. 또 존재 환각에서 풀려난 무분별지를 굴릴 수 있는 경지이기에, 지관에서 나와出定 사물이나 일을 대할 때라도 그것에 얽매이지 않을 수 있다. 이 경지를 6행에서는, '세 가지를 간직하는 수행存三을 통해 생겨나는 능력存用'이라 한다. 관행으로 보자면, 수위修位부터가 온전한 관행正觀/참된 관행眞觀으로서의 일미관행이다.

5위에 대한 원효의 해설은 일관되게 유식관唯識觀 수행에 의거하고 있다. 예컨대 신위信位에 대해서는 "유식도리를 알기 때문에, 마음이 취한 모든 주/객관 세계가 오직 개념과 언어意言의 분별에 의해 만들어진 것이며 만일 분별을 떠나면 실체로 존재하는 것이 없다는 것을 아는 것"「금강삼매경론」, 한불 1-654c이라 하고, 사위思位에 대해서는 "생각대로 나타난다는 것은 주/객관 세계境界와 유사한 상분相分이 견분見分과 떨어지지 않았기 때문이고, 나의 본식이 아니다는 것은 식을 떠나 밖으로 나타난 주/객관 세계境界가 나의 식이 아니기 때문에 존재하지 않는다는 것이다. 이 가운데 본식이라고 한 것은 제6식을 말하니, 모든 존재 범주三有의 근본이기 때문이다"「금강삼매경론」, 한불 1-655a라고 해설한다. '이해로써 터득하

는 것을 기본으로 하는 수행범주理入'인 신위信位와 사위思位
의 두 단계가 모두 유식무경唯識無境이라는 유식 도리의 이해
를 통해 성취된다는 것이다.

수위/행위/사위捨位는 유식무경에 대한 지적 이해를 통
해 성취한 신위/사위思位를 기반으로 이루어진다. 신위信位
와 사위思位를 통해 유식무경에 대한 지적 성취를 다진 후,
그것을 토대로 삼아 터득한 '유식무경의 마음 지평'을 이타
의 행위와 결합하여 펼치는 것이, 10지 이상으로 분류되는
수위/행위/사위捨位의 경지다. 따라서 원효는, 중생이 부처
가 되는 관행 수행의 전체 체계와 내용을 총괄하는 5위를
유식사상에 의거하여 파악하고 있는 셈이다. 5위뿐 아니라
6행 역시 일관되게 유식관으로써 해설하고 있다. 이 점은
원효 선학禪學의 핵심을 알려주는 중요한 단서다.

6행(六行; 십신/십주/십행/십회향/십지/등각의 여섯 경지에 순차적으로 나아가는 수
행)과 존삼수일存三守一 그리고 여래선如來禪

6행에 대한 설법은 『금강삼매경』 「입실제품」에 등장한다.

122

(부처님이 말씀하셨다) "허공의 경계는 안과 밖을 헤아릴 수 없으니, 6행六行을 성취하는 사람이라야 알 수 있다." 대력보살이 말했다. "무엇이 6행입니까? 설해주시옵소서." 부처님이 말씀하셨다. "첫째는 십신행十信行이고, 둘째는 십주행十住行이며, 셋째는 십행행十行行이고, 넷째는 십회향행十廻向行이며, 다섯째는 십지행十地行이고, 여섯째는 등각행等覺行이다. 이와 같은 것을 행하는 사람이라야 알 수 있다."

대력보살이 말했다. "참된 지평實際인 깨달음의 이익은 출입함이 없는 것인데, 어떠한 마음으로 참된 지평에 들어갈 수 있습니까?" 부처님이 말씀하셨다. "참된 지평은 한계가 없으니, 한계가 없는 마음이면 곧 참된 지평에 들어간다."

대력보살이 말했다. "한계 없는 마음의 지혜는 그 지혜가 가없고, 가없는 마음은 그 마음이 자재함을 얻으니, 자재한 (마음이 펼치는) 지혜로 실제에 들어갈 수 있을 것입니다. 그런데 저 범부와 같이 유약한 마음을 가진 중생은 그 마음이 많이 헐떡거리니, 어떠한 법으로 제어하여 견고한 마음을 얻어 참된 지평에 들어가게 할 수 있습니까?" 부처님이 말씀하셨다. "보살아, 그 마음이 헐떡거리는 것은, 안팎의 번뇌와 그에 수반하는 번뇌隨煩惱가 흘러 모여, 물방울들이 바다를 이루고 하늘의 바람이 두드려 물결이 일면 큰 용이 놀라는 것 같은 놀라는 마음이 되어, 그 때문에 많이 헐떡거리게 되는 것이다. 보살아, 그 중생으로 하여금 세 가지를 간직하고存三 하나를 지키게 하여守— 여래선如來禪에 들어가게 해야 하니, 선정 때문에 마음이 곧 헐떡거리지 않게 된다."

대력보살이 말했다. "세 가지를 간직하고 하나를 지켜 여래선에 들어간다는 것은 무엇을 말한 것입니까?" 부처님이 말씀하셨다. "세 가지를 간직한다는 것은 세 가지 해탈을 간직하는 것이고, 하나를 지킨다는 것은 '하나가 된 마음지평/하나로 보는 마음자리의 (진리와) 같아진 국면—心如'을 지키는 것이며, 여래선에 들어간다는 것은 '진리답게 관觀하여 마음이 진리 같아지는理觀心如' 것이니, 이와 같은 경지에 들어가면 곧 참된 지평(실제)에 들어가게 된다."

대력보살이 말했다. "세 가지의 해탈의 법은 어떠한 것이며, '진리답게 관하여 성취하는 삼매理觀三昧'는 어떤 법으로부터 들어갑니까?" 부처님이 말씀하셨다. "세 가지의 해탈은 허공해탈과 금강해탈과 반야해탈이며, '진리답게 관하여 성취하는 (삼매의) 마음理觀心'은 그 마음이 진리와 같이 청정하여 들어갈 수 있다거나 없다거나 하는 것이 없는 마음이다."

대력보살이 말했다. "무엇을 '간직함의 공능存用'이라고 하며, 무엇을 '관觀한다'고 하는 것입니까?" 부처님이 말씀하셨다. "마음과 일事이 둘이 아닌 것을 '간직함의 공능'이라 한다. '안으로 행함內行'과 '밖으로 행함外行'에, 나오고 들어감이 둘이 아니고, 하나라는 생각에도 머물지 아니하여, 마음에 얻고 잃는 것이 없어서, '하나이면서도 하나가 아닌 경지一不一地'에 마음을 청정히 하여 흘러들어가는 것을 '관觀한다'고 한다"「금

강삼매경」입실제품, 한불1-644c-646a.

5위가 관행의 실천과 그 성취를 다섯 단계로 총괄하고 있는 데 비해, 6행은 십신/십주/십행/십회향/십지/등각의 여섯 경지를 단계적으로 성취해 가는 체계를 가지고 관행의 과정과 성취를 총괄한다. 원효의 5위 해석에 따르면, 5위 중 제4위인 행위行位가 등각等覺, 제5위인 사위捨位는 묘각妙覺, 佛地에 해당한다. 이에 비해 6행은 최종 단계를 등각으로 설정하고 있다. 5위가 깨달음의 궁극 결실(묘각)까지 포함하

는 체계인 데 비해, 6행은 궁극 결실의 원인이 되는 과정 전체에 대한 체계인 셈이다. 따라서 5위에 비해 6행은 수행과정에 비중과 초점을 둔 구성이다. 원효에 따르면, 6행 가운데 십신/십주/십행/십회향은 이입理入으로서 방편관, 십지/등각은 행입行入으로서 정관正觀/진관眞觀의 범주이다.

『금강삼매경』은 6행의 완성을 위한 핵심 수행법으로서, '세 가지를 간직하고 하나를 지켜存三守一' '여래선如來禪이라는 선정을 성취'할 것을 설한다. '세 가지를 간직하는 수행'은 '허공해탈과 금강해탈과 반야해탈이라 칭하는 세 가지 해탈에 대한 이해를 간직해 가는 것'이고, '하나를 지키는 수행'은 '하나가 된 마음지평/하나로 보는 마음자리의 (진리와) 같아진 국면一心如에 대한 이해를 간수해 가는 것'이며, '여래선에 들어간다'는 것은 '진리답게 관觀하여 마음이 진리 같아지는理觀心如 것'이라 한다. 그리고 이를 통해 진여 공성의 참된 지평인 실제實際에 들어가게 된다. 원효에 따르면, '세 가지 해탈에 대한 이해를 간직하는 관행'이 십신단계로부터 십주단계에 이르면 '세 가지 해탈에 대한 이해를 간직함으로써 생겨나는 공능功用'이 이루어진다. 또 '하나를 지키는 관행'은 십행단계에서 펼쳐진다.

세 가지 해탈에 대한 이해를 국면을 놓치지 않고 간직해 가다보면 중요한 능력이 생겨난다. 마음과 일事이 부합하지 않는 문제, 즉 '선의 마음과 세계 만남의 불일치'를 해소하는 능력이 생겨나는데, 그것을 '간직함의 공능存用'이라 한다. 그리고 존삼수일存三守一의 수행을 통해 여래선을 성취하게 되면 또 하나의 능력이 생겨난다. '하나이면서도 하나가 아닌 경지不一地'에 들어가는 능력인데, 그것을 '관觀하는 능력'이라 한다.

허공해탈/금강해탈/반야해탈에 대한 지적 성찰을 간직해 가는 존삼存三 수행, '하나가 된 마음지평/하나로 보는 마음자리의 (진리와) 같아진 국면心如'에 대한 이해를 간수해 가는 수일守一 수행을 하면, '진리답게 관觀하여 마음이 진리 같아지는理觀心如' 여래선 삼매에 들게 된다. 이 여래선 삼매에서는 '진리답게 관하는 능력理觀'을 발휘할 수 있다. "'안으로 행함內行'과 밖으로 행함外行에, 나오고 들어감이 둘이 아니고, 하나라는 생각에도 머물지 아니하여, 마음에 얻고 잃는 것이 없어서, '하나이면서도 하나가 아닌 경지不一地'에 들어가는" 관觀의 능력이 성취된다.

'세 가지 해탈에 대한 지적 이해를 보존해 감으로써 생겨나는 능력住用'과 '여래선의 선정을 성취함으로써 생겨나는 능력理觀'에는 『금강삼매경』이 천명하려는 선사상의 핵심과 특징이 담겨 있다. 그리고 이에 대한 원효의 해설 역시 그의 선학禪學이 지니는 특징적 면모를 잘 드러내고 있다. 그의 말을 그대로 들어보자.

"마음과 일事이 둘이 아닌 것을 '간직함의 공능住用'이라 한다" 라는 것은, 세 가지를 간직하는 작용의 뛰어난 능력을 말한 것이다. 만일 사람이 세 가지를 간직하는 작용의 공능을 얻지 못하면, 마음을 고요히 하여 공을 관찰하더라도 일에 관여하면 (진리다운) 생각을 놓치고, '나' '나의 것'이라는 생각을 취하여, 역경과 순경에 급급하고 세상사 변화에 동요되어, 마음과 일이 각각 다르게 된다. 만일 세 가지 해탈(에 대한 이해)을 익숙하게 닦을 수 있는 사람이라면, 관행觀行에서 나와 일에 관여하더라도 관행의 힘이 여전히 남아 있어 나와 남을 분별하고 집착하는 생각을 취하지 아니하여 좋고 나쁜 경계에 급급하지 않으니, 이로 인해 세상사 변화에 요동치지 않게 되고 (관행의 선정에) 들어가고 나오는 것을 함께 잊어서 마음과 일이 다르지 않게 되니, 이와 같아야 곧 '세 가지를 간직하는 공능'이라 한다. 이 관행을 처음 닦는 것은 십신의 단계에서이고, 간직함의 공능이 이루어지는 것은 십주의 단계에서이다. 『본업경』에서 십주위를 설명하는 가운데 이 관행을 세운 것과 같다. '안으로 행함' 이하는 두 번째 질문에 대답하면서 관행의 특징을 밝힌 것이다. '안으로 행함'이란 것은 관觀에 들어가 공적하게 비추는 행위이고, '밖으로 행함'이란 것은 관에서 나와 중생을 교화하는 행위이다. 나오거나 들어가거나 중도를 잃지 않기 때문에 '둘이 아니다'라 하였다. … '하나라는 생각에도 머물지 않는다'는 것은 이제관二諦觀이기 때문이고, '마음에 얻고 잃는 것이 없다'는 것은 평등관平等觀이기 때문이다. 이 두 가지의 방편관에 의지하여 (10지의) 초지初地 법의 흐르는 물에 진입하기 때문에 '하나이면서도 하나가 아닌 경지에 마음을 청정히 하여 흘러들어간다'고 하였다. 저 경에서 "세 가지 관三觀이란, 가명假名으로부터 공에 들어가는 것을 이제관이라 하고, 공으로부터 가명에 들어가는 것을 평등관이라고 하니, 이 두 가지 관행은 방편도이다. 이 두 가지 공관으로 인하여 중도제일의제관中道第一義諦觀에 들어가게 되니, 이제二諦를 쌍으로 비추어 마음과 마음이 적멸하여 초지 법의 흐르는 물에 들어간다"라고 하면서 널리 설명한 것과 같다『금강삼매경론』, 한불1-646b-647a.

'세 가지 해탈에 대한 이해를 보존해 감으로써 얻게 되는 능력存用'은, 선정禪定에 들어 있을 때의 무분별과 안정을, 선정에서 나와 세상사와 관계 맺을 때에도 유지할 수 있는 능력이다. 이지적 성찰과 지적 개안을 확립해야, 선정에서 나와 세상과 만날 때에도 무분별의 밝음과 존재의 안정을 유지해 갈 수 있다는 것이다. 이지적 능력과 이해/관점/견해의 성취가 선 수행을 온전하게 만드는 결정적 조건이라는 관점이다. 이러한 선관은, 선과 삼매에 대한 통념을 반성하게 하고 붓다 정학의 본래모습을 탐구해 가는 데 매우 요긴한 통찰을 제공한다.

여래선 삼매를 성취하여 얻게 되는 '진리답게 관하는 능력理觀'은, 선정에 들어 공성의 진여 국면을 보는 것과, 선정에서 나와 중생을 교화하는 행위를 별개의 것으로 분리되지 않게 하는 능력이다. 여래선 삼매를 통해 이러한 능력을 성취하면, 선정과 중생 교화가 질적으로 분리되지 않으니 '선정에 들어가는 것과 선정에서 나오는 것이 둘이 아니고', 선정을 누리는 것과 중생을 교화하는 것은 같은 일도 아니므로 '하나라는 생각에도 머물지 않는다.' 따라서 '하나이면서도 하나가 아닌 경지–不–地'에 들어갈 수 있게 된다.

원효에 따르면, '세 가지 해탈에 대한 이해를 간직하는 관행'은 십신+信단계에서 가능해지고, 나아가 십주+住단계에 이르면 '세 가지 해탈에 대한 이해를 간직함으로써 생겨나는 능력㕛用'이 이루어진다. 그리고 '하나를 지키는 관행'은 십행단계에서 펼쳐진다. 따라서 6행의 전개는, 십신에서 '세 가지 해탈에 대한 이해를 간직하는 관행㕛三'을 시작하고, 십주에서 '세 가지 해탈에 대한 이해를 간직함으로써 생겨나는 능력㕛用'을 성취하며, 십행에서 '하나가 된 마음지평/하나로 보는 마음자리의 (진리와) 같아진 국면–心如'에 대한 이해를 간수해 가는 '하나를 간수해 가는 관행㝔–'을 행하다가, 마침내 십지에 올라 '진리답게 관觀하여 마음이 진리 같아지는理觀心如' 여래선 삼매에 들게 된다. 그리고 이 여래선 삼매에서는, '하나이면서도 하나가 아닌 경지不一地'에 들어갈 수 있는, '진리답게 관하는 능력理觀'이 성취된다. 이 여래선의 경지는 『대승기신론』에서 말하는 진여삼매眞如三昧 혹은 일행삼매一行三昧에 상응한다.

대승보살의 선 수행은, 자리행과 이타행을 진여 일미로 결합하여 펼칠 수 있는 십지 경지에 올라야 비로소 그 온전한 면모를 펼치게 된다. 따라서 대승선의 면모를 갖추려면, 우선 십지 이전의 수행에 해당하는 '세 가지 해탈에 대한 이해를 보존하고, 하나로 보는 마음자리에 대한 이해를 지키는 관행存三守一'을 실천해야 한다. 그리고 그를 토대로 십지 경지인 여래선을 성취하여 '진리답게 관하는 능력理觀'을 확보해야 한다. 그래야 더 나아가 금강삼매를 성취하여 등각의 경지를 구현하게 된다.

『금강삼매경』이 설하는 '세 가지 해탈에 대한 이해를 간직함으로써 생겨나는 능력存用'과 '진리답게 관하는 능력理觀', 그리고 이에 대한 원효의 해설은, 『금강삼매경』과 원효가 체계화하려는 대승선학大乘禪學의 관심사와 안목을 드러내고 있다. 이 안목에 따르면 선 수행은, 선정에 들어 성취하는 무분별의 지적 능력과 동요하지 않는 마음 능력을 개인의 내면적 범주에 제한시키지 않고 외부 세계와의 교섭에서도 유지할 수 있어야 한다. 홀로 선정에 들어 있을 때는 분별도 하지 않고 마음의 안정도 유지하지만, 타인과 만나고 세간사를 처리하는 관계에 들어가면 곧 나와 남을 실체로 분별하고, 좋고 나쁨에 집착하며, 세상사 부침에 따라 마음도 덩달아 동요해 버린다면, 그러한 선정은 아직 온전한 선이 아니다.

또 선정에 들었을 때는 공성인 진여 국면과 만나다가, 선정에서 나와 중생을 교화할 때 그 진여 국면을 놓쳐버린다면, 이것 역시 진정한 선이 아니다. 진정한 선이란, 선정에 들었을 때의 무분별과 안정을 세상과 관계 맺을 때도 유지할 수 있는 것이며, 선정에 들었을 때 직면하는 공성의 진여 지평을 중생 교화의 행위 속에서도 놓치지 않을 수 있는 것이다. 선 수행은 모름지기 이러한 경지를 겨냥해야 하며, 그러한 경지에서 자리행과 이타행을 분리시키지 않고 펼칠 수 있는 것이어야 한다.

'이지적 성찰로 확립한 지적 이해'를 수립한 후, 그 토대 위에서 '개념 환각細을 붙들지 않을 수 있는 마음국면'을 열어 간수해가는 선정을 확립하여, 마침내 '개념 환각細이 해체된 밝음'(무분별)과 그로 인한 존재 차원의 안정을 성취한다. 선정으로 성취한 무분별의 밝음과 안정은 다시 이지적 성찰능력을 발전시켜 이해/관점/견해가 더욱 온전해지게 한다. 이지적 사고력과 이해 성취가 선정의 기초가 되고(선의 철학), 선정이 다시 지적 능력과 이해를 심화시키는 토대가 되는(철학의 선), 이 역동적 상호작용의 결과가 '선정과 세상만나기의 하나 됨'이다. 이러한 과정을 선 수행으로 채택한 구도자는 마침내, 선정에서 나와서 세상과 만날 때에도 선정에서 확보한 무분별의 밝음과 안정을 잃지 않은 채, 중생의 진리다운 이익을 위하여 인연 따라 정성껏 행동한다. 원효 선관의 돋보이는 생명력이 여기에 있다.

선정으로 성취되는 '개념 환각細 떨쳐버린 밝음'(무분별)과 그로 인한 '존재 차원의 안정'을, 선정에서 나와 세상과 만날 때에도 유지하려면, '지적 성찰능력'과 '이해/관점/견해의 성취'가 탄탄하게 확보되어야 한다는 것이 원효 선관의

한 요목으로 보인다. 선정內行과 세상만나기外行가 하나가 되기 위한 조건은, 견실한 지적 성찰과 선정의 활발한 상호작용이다. 이러한 선관은, 선과 삼매에 대한 전통의 통념을 반성케 하고 붓다 정학의 본래모습을 탐구해 가는 데 매우 요긴한 통찰을 제공한다.

제7장

금강삼매金剛三昧

─ 선정禪定의 최고 경지

부처에 의하면, 인간 실존은 깊은 층에서의 '인지적 착각(무지)'을 품고 있고, 그것에 수반하여 생겨나는 '무한한 대상소유 충동(탐욕)'과 '부정 충동(성냄)'의 누적된 경향성에 압도적으로 지배받는다. 이 존재 오염의 세 가지 경향성을 삼독심三毒心(독극물처럼 존재를 해치는 마음)이라 부른다. 동시에 이 '세 가지 경향성'에 의한 실존 속박과 오염은 스스로의 자각과 노력에 의해 각자의 실존에서 제거될 수도 있다고 확언하면서, 부처는 자신의 삶으로써 그것을 증언한다.

세 가지 경향성의 근원적 속박에서 풀려난 삶의 지평이 '해탈'이다. 해탈로 나아가는 길, 부처가 안내하는 그 길은,

크게 세 유형의 수행으로 구성되어 있다. 하나는, 세 가지 경향성에 지배되는 행동 관성을 적절히 제어하여 행동이 세 가지 경향성의 보존 및 확산의 통로가 되는 것을 그대로 방치하지 않으려는 노력인데, 이를 계학戒學(계율 수행)이라 한다. 다른 하나는, 세 가지 경향성을 지지하는 관점을 교정함으로써 세 가지 경향성의 지적知的 토대를 해체해 가는 노력인데, 혜학慧學(지혜 수행)이라 부른다. 나머지 하나는, 세 가지 경향성을 지지하는 마음 관성에 지배받지 않으려는 노력인데, 정학定學(선정 수행)이라 부른다.

하루에 몇 갑씩 피워대는 애연가가 있다고 하자. 오랫동안의 과다한 흡연으로 건강에 적신호가 켜졌다. 금연 결심을 한다. 그런데 그가 금연에 성공하여 건강을 되찾으려면 어찌해야 할까? 무조건 안 피우면 될까? 그런 식으로 금연에 도전했다가는 실패할 수밖에 없다. 담배에 중독되다시피 한 자신의 현실이 어떤 인과관계의 산물인지를 정확히 파악한 후, 그 인과관계에 맞추어 적절한 전략을 짜야 한다.

그는 주위의 조언을 받아가며 자신의 현실을 냉정하게

진단해 본다. 왜 잠시도 담배를 입에 물지 않고는 못사는 가? 왜 줄담배를 피워대는가? 먼저 눈에 띄는 것은 몸에 밴 경향성이다. 몸이 니코틴에 절어, 잠시도 담배를 떼어놓지 못하게 요구한다. 몸에 뿌리내린 흡연 버릇(업력) 때문에 쉴 새 없이 담배를 집어 문다. 그렇다면 담배를 집어 드는 몸의 버릇을 거부하면 금연에 성공할까? 아니다. 담배에 대한 관점을 바꾸어야 한다. 담배를 피워도 좋다고 여기는 견해를 바꾸어야 한다. '스트레스 해소에 도움이 된다', '긴장을 풀어준다', '사회생활에 필요하다'는 등 흡연을 긍정적으로 대하는 관점이 바뀌어야 한다. 담배에 대한 관점이 교정되면 금연에 성공할까? 아직 남은 과제가 있다. 담배 좋아하는 관점과 담배 피우는 행동으로 기울어지는 '마음의 경향성'에서 풀려나야 한다. 금연에 성공하기 위해, 흡연으로 나아가는 행동 경향성과 관점 경향성 그리고 마음 경향성 모두에서 풀려나는 노력이 필요한 것처럼, 존재를 속박하고 오염시키는 무지/탐욕/성냄의 경향성에서 풀려나기 위해서는 계학/혜학/정학의 세 가지 노력이 요청된다.

인간은 항상 무엇인가를 원한다. 밥 먹고 싶고, 잠 자고 싶고 사랑하고 싶어 한다. 운동하고 싶고, 장난치고 싶고, 알고 싶어 한다. 신체적 바람이건 정신적 바람이건 간에, 인간은 항상 그 무엇인가를 욕구한다. 이 인간의 욕구를 구성하는 조건은 크게 세 가지다. 몸의 끌림, 관점의 끌림, 마음의 끌림이 그것이다. 몸 끌림과 견해 끌림 그리고 정신적 끌림이 상호 의존적으로 얽혀 상호 작용하면서 특정한 욕구가 발생한다.

마음의 끌림이라는 것은 몸의 끌림과 견해의 끌림이 상호 얽혀 누적된 정신적 경향이다. 담배도 안 피우고 흡연이 나쁘다는 관점도 지녔지만, 내면화된 흡연 욕구를 감당하지 못하여 괴로워하거나 다시 흡연하게 만드는 금단 현상이라는 것이 있다. 몸에 밴 흡연 인자와 흡연을 좋게 보는 관점이 결합하여 형성된 정신적 끌림이 누적되면서 심층의식 수준에까지 배어버렸기 때문이다. 이 내면화된 정신적 끌림에서 풀려나지 않으면, 교정했던 관점도 다시 퇴행하고 몸 제어력도 다시 상실하게 된다.

금연에 완전히 성공하려면 결국 뿌리 깊게 배인 정신적 경향성의 지배에서 풀려나야 한다. 마음의 끌림에서 풀려날 수 있을 때, 비로소 관점 교정도 완전해지고 몸 제어에도 억지힘을 안 쓰는 경지가 된다. 마찬가지로, 무지/탐욕/성냄을 지지하는 욕구에서 풀려나려면, 몸 끌림 경향성과 견해 끌림 경향성에서 풀려나는 노력과 함께, 마음 끌림 경향성에서 풀려나는 노력을 해야 한다. 그리고 마음 끌림 경향성에 지배받지 않게 될 때라야, '견해 펼치기'와 '몸 놀리기'가 무지/탐욕/성냄에서 완전하게 풀려난다. 이런 이유에서 부처는 정학定學의 중요성을 누누이 강조한다. 선정 수행이야말로 올바른 앎(지혜)과 자애의 행위(자비)를 완성하는 관건이기 때문이다. 이 정학의 선정 수행을 동아시아 한역漢譯불교에서는 흔히 선禪이라 부른다.

부처의 육성을 비교적 원형대로 간수하고 있는 니까야를 보면, 정학은 정념正念, sammāsati수행에 의해 삼매samādhi를 성취해 가는 과정이다. 이렇게 삼매를 성취하려는 수행을 흔히 선정 수행이라 하며, 위빠사나vipasanā, 觀(관점의 교정)수행을 토대로 한 사마타samatha, 止(무지/탐욕/성냄을 지지하는 마음 끌림에 지배받지 않음)수행이 그 핵심이다.

몸 끌림과 견해 끌림 그리고 마음 끌림은 상호 인과적으로 관계 맺고 있다. 몸 끌림이 선행한 후 견해 끌림이나 마음 끌림이 일어난다고 말하기 어렵고, 그 반대로 말하기도 어렵다. 또한 몸 끌림 때문에 견해 끌림이나 마음 끌림이 생겨난다고도 할 수 있고, 그 반대로도 말할 수 있다. 인간 실존의 욕구에서는 이 세 끌림이 동시적, 상호적인 인과관계를 맺고 있다. 행동심리학은 '몸 끌림에 의한 견해 및 마음 끌림 발생'의 인과관계를 주목하는 것이고, 인지심리학은 '견해 및 마음 끌림에 의한 몸 끌림 발생'의 인과관계를 중시하는 것이라 할 수 있다.

모든 현상을 상호 조건적 발생으로 파악하는 부처의 연기緣起적 통찰은, 무지/탐욕/성냄에 의한 실존의 속박과 오염을 치유하기 위해, 세 가지 수행(三學; 계학, 혜학, 정학)을 상호 인과적으로 결합시켜 가는 수행법을 마련하고 있다. 실존을 속박하고 오염시키는 욕구가 '몸/관점/마음' 끌림의 상호 의존과 상호 작용에 의해 발생한다고 보기 때문이다. 그리고 삶을 속박하고 오염시키는 '몸/관점/마음' 끌림의 누적된 경향성에서 풀려나는 결정적 고리는 '마음'이라 부르는 정신적 경향성에서 풀려나는 것이며, 그 구체적 방법이 삼매를 성취하는 선禪 수행이다.

'금강삼매'는 많은 대승불교 문헌에서 삼매 가운데 최고의 경지로 일컬어지곤 한다. 『금강삼매경』은 이 최고수준의 삼매인 금강삼매를 성취하여 깨달음을 완성하고 부처로 살아가는 방법을 설하고 있다. 원효의 말을 들어보자.

'금강'이란 비유하는 말이니, 단단함을 체성으로 삼고, 뚫어 깨뜨림을 공능으로 삼는다. 금강삼매도 이와 같다고 알아야 하니, 실제를 체성으로 삼고 깨뜨리고 뚫는 것을 공능으로 삼는다. '실제를 체성으로 삼는다'는 것은 이치를 증득하고 근원에 이르기 때문이니, 아래의 글에서 '법을 증득하는 진실한 정定이다'라고 말한 것과 같다. '깨뜨리고 뚫는 것으로 공능을 삼는다'는 것은 두 가지 뜻이 있다. 첫째는 모든 의혹을 깨뜨리는 것이고, 둘째는 모든 선정을 뚫는 것이다. '모든 의혹을 깨뜨린다'는 것은 설명을 일으켜 의혹을 끊기 때문이니, 아래의 글에서 '반드시 의심과 후회를 끊는다'라고 말한 것과 같다. '모든 선정을 뚫는다'는 것은 이 선정이 모든 다른 삼매로 하여금 유용하게 하는 것이 마치 보배구슬을 뚫어 유용하게 하는 것과 같기 때문이다. 이것은 『대품경』에서 "어째서 금강삼매라고 하는가? 이 삼매에 머물면 모든 삼매를 깨뜨릴 수 있다"고 말하고, 저 『대지도론』에서 "금강삼매란 비유하면 금강이 뚫지 못하는 것이 없는 것과 같으니, 이 삼매도 또한 이와 같아서 모든 법 가운데 통달하지 못함이 없어서 모든 삼매로 하여금 다 유용하게 하니, 마치 차거, 마노, 유리는 오직 금강만이 뚫고 들어갈 수 있는 것과 같다"고 해석한 것과 같다. 생각건대, 경에서 '모든 삼매를 깨뜨린다'고 한 것은, '깨뜨린다'는 것은 뚫는다는 것이니 논에서 '뚫고 들어간다'는 것은 경의 '깨뜨린다'는 것을 해석한 것이다. 모든 삼매가 다 자성이 없음을 통달하여 저 삼매로 하여금 자기 집착을 떠날 수 있게 하니, 이 때문에 걸림이 없어 자재하게 된다. (금강삼매라는) 제목을 해석함은 이와 같다.『금강삼매경론』, 한불1-605b.

『금강삼매경』의 선 수행법인 관행은 금강삼매의 성취를 겨냥한다. 「여래장품」의 3행(三行; 隨事取行, 隨識取行, 隨如取行), 「입실제품」의 2입(二入; 理入과 行入)과 6행(六行; 십신/십주/

십행/십회향/십지/등각의 여섯 경지에 순차적으로 나아가는 수행),「진성공품」의 5위(五位; 信位, 思位, 修位, 行位, 捨位) 수행체계는 모두 금강삼매의 성취로 수렴된다. 그리고 이 모든 수행체계는 유식의 도리를 축으로 전개된다.

3행(三行; 隨事取行, 隨識取行, 隨如取行)과 금강삼매

모든 존재가 '조건에 따라 발생緣起'한 것임을 깨달아, 그들을 '불변의 독자적 실체'로 오인하는 상분별이 결국 '인식의 환각적 구성'이라는 것을 알게 되는, 그리하여 유식 입문의 토대를 갖추게 하는 '존재를 대상으로 하는 수행隨事取行.' 또 유식무경의 유식관을 주관/마음에도 적용하여 주관에 대한 상분별도 역시 인식적 허구라는 것을 아는, '주관을 대상으로 하는 수행隨識取行.' 그리고 존재와 주관/마음에 대한 상분별을 깨뜨려 공성의 보편적 지평—如과 접속함으로써, 이 진여의 한 맛 지평에서 '그침止'과 '살핌/이해觀'를 한 축의 두 바퀴처럼 동시적으로 굴리고, 자리행과 이타행을 하나로 펼치며, 소승과 대승의 온갖 가르침을 한 수레에 실어

한 맛으로 통섭해 가는, '같음에 따라 행하는 수행隨如取行.' ─ 이 세 가지 수행을 통해 금강삼매를 성취하게 된다.

2입(二入; 理入과 行入)과 금강삼매

'이해로써 터득하기理入'와 '체득으로 터득하기行入'로 구성된 '두 가지 방식으로 터득하기二入'도 금강삼매로 귀결된다. 중생의 본래 불성을 제대로 이해하고 그 이해를 굳건히 유지해 가는 '이해로써 터득하기理入.' 그리고 주관과 대상에 대한 상분별을 마음의 수준에서 깨뜨려, '내가 구제한다'는 생각이나 '중생을 구제한다'는 생각을 일으키지 않은 채 중생 구제의 이타행을 펼치는 '체득으로 터득하기行入.' ─ 이 두 가지 터득하기는 금강삼매의 성취조건이다.

5위(五位; 信位, 思位, 修位, 行位, 捨位)와 금강삼매

부처 면모가 모든 중생에게 내재해 있으며 분별망상만 그치면 그 부처가 드러난다는 것을 신뢰로써 수용하는 동시에, 주관과 객관으로 나누어 경험하는 세계는 사실 그대로가 드러난 것이 아니라 언어와 그 언어를 집으로 삼는 개념에 의해 '구성된 것(분별)'이라는 점을 이해하여 유식 도리에 눈뜨는, '진실에 대한 신뢰를 형성하는 수행信位.' 모든 주/객관 세계를 '유식무경唯識無境'이라는 유식 도리에 맞춰 그 이해를 축적해 가는 '유식 도리를 이해로써 확보해 가는 수행思位.' 주/객관에 대한 상분별이 마음 차원에서 깨져 공성의 진여 지평에 접속하게 되어, 선 수행의 두 축인 '그침止'과 '살핌/이해觀'를 한 몸처럼 동시적으로 펼치는, '지관을 쌍으로 닦는 수행修位.' 공성인 진여 지평이 확고해져 모든 것이 진리와 하나가 되는 경지가 구현되는 '취하거나 버림이 없는 마음을 펼칠 수 있는 수행行位.' ─ 신위/사위/수위의 세 단계 수행을 진행하여 가능해진 '취하거나 버림이 없는 마음을 펼칠 수 있는 수행行位' 단계에서 금강삼매를 성취하여 등각等覺 경지에 도달한다. 그리고 거기서 더 나아가 공성의 여여한 지평조차 거주지로 삼지 않고 그 어느 지평에도 머물지 않으면서 지혜와 자비의 작용을 끝없이 펼치는, '머무름 없는 경지捨位'가 구현된다. 이 경지가 묘각妙覺인 부처 경지佛地다.

따라서 금강삼매는 부처되기 직전의 조건이다. 유식사상으로 보면, 등각 경지는 아직도 근본무명에 의한 미세한 망념이 남아 있는 제8식 범주이고, 묘각 경지는 그 미세 망념에 의한 동요(생멸)를 완전히 여읜 제9식 지평으로서 '하나로 보는 마음자리/하나가 된 마음지평이 완벽해져歸一心源' '존재 본래의 참모습本覺'이 온전하게 드러난 것이다.

6행(六行; 십신/십주/십행/십회향/십지/등각의 여섯 경지에 순차적으로 나아가는 수행)과 금강삼매

6행은 '세 가지를 보존하고 하나를 간수해 가는 수행存三守一'을 통해 여래선을 성취하여야 완성될 수 있다. 원효에 의하면, '세 가지 해탈에 대한 이해를 간직하는 관행存三'은 십신十信 단계에서 가능해지고, 십주十住 단계에 이르면 '세 가지 해탈에 대한 이해를 간직함으로써 생겨나는 능력存用'이 이루어진다. 그리고 다시 십행 단계로 나아가면 '하나를 지키는 관행'이 가능해진다. 이러한 존삼수일存三守一 수행을 통해 마침내 십지에 오르면, '진리답게 관觀하여 마음이 진리 같아지는理觀心如' 여래선 삼매에 들게 된다. 그리고 이 여래선 삼매에서, '하나이면서도 하나가 아닌 경지不一地'에 들어갈 수 있는, '진리답게 관하는 능력理觀'이 성취된다. 십지의 단계에서 여래선의 이 능력을 더욱 발전시켜 나가면 마침내 금강삼매를 성취하여 등각에 도달한다. 6행 수행체계의 궁극 목표는 금강삼매의 성취에 의한 등각 구현인 것이다.

제8장

시각始覺과 본각本覺으로 읽는 『금강삼매경』

　붓다의 전통이 안내하는 곳은 존재 본래의 모습이 고스란히 현현하는 지평이다. 인지의 근원적 결핍에 따른 인식과 욕망의 왜곡으로 인해 가려졌던 존재의 참모습으로 복귀하는 것이 수행의 과정이자 목표다. 따라서 '본래의 참됨 → 무지로 인한 왜곡과 오염 → 본래지평 회복 과정 → 본래지평 복귀'가 불교 수행과 깨달음을 관통하는 구조다. 이 구조를 『대승기신론』은 '본각本覺 → 불각不覺 → 시각始覺 → 시각이 곧 본각'으로 변주한다. 그리고 『금강삼매경』과 『금강삼매경론』은 특히 본각의 문제를 중심으로 이 구조를 계승한다.

　원효에 따르면, 『금강삼매경』 6품이 설하는 수행의 초점은 '상相분별 깨뜨리기', 즉 '개념 환각 해체하기'에 있으며, 수행을 통해 상분별을 깨뜨리면 무지에 의해 왜곡되기 이전의 존재 본래의 참모습이 드러난다. 『대승기신론』과 『금강삼매경』은 이 존재 본래의 참모습이 마음 지평에서 밝아진 것을 '본각本覺(본래적 깨달음)'이라 부르는 한편, 본각을 드러내기 위해 상분별을 해체해 가는 과정을 '시각始覺(비로소 깨달아 감)'이라 일컫는다. 그리고 '비로소 깨달아 감(시각)'으로써 성취한 내용이 바로 '본래적 깨달음(본각)'이었다는 사실을 알게 되는 국면을, '시각이 바로 본각' 혹은 '일각一覺(하나인 깨달음)'이라 부른다.

엄밀히 보면, 시각은 두 유형으로 구분된다. 우선, 상분별을 깨뜨려 가는 전체 과정을 시각으로 분류할 수 있다. 이 시각은 '비로소 깨달아 감'이다. 또한 상분별이 깨져 진여 지평이 드러나 존재의 본래 참모습을 만나게 된 것을 시각이라 할 수도 있다. 전자는 '비로소 깨달아 가는 시각'이고, 후자는 '비로소 깨달은 시각'이다. '시각이 바로 본각' 내지 '일각一覺'을 말할 수 있는 국면은 후자이다.

보살 수행의 52단계로 보자면, 십신/십주/십행/십회향

단계에서의 깨달음은 '비로소 깨달아 가는 시각'이다. 아직 진여와 접속하지는 못했지만, '진여 접속의 가능 조건을 확보해 가는 수행'(방편관)을 통한 깨달음이기 때문이다. 이에 비해 십지의 초지 이상에서의 깨달음은 '비로소 깨달은 시각'이다. '존재의 참모습인 진여에 접속하여 자리행과 이타행을 하나로 굴리는 수행正觀, 眞觀'을 할 수 있는 단계이기 때문이다. 따라서 십지의 초지 이상에서의 '비로소 깨달은 시각'은 본각과 통하는 것이다. 그러기에 '시각이 곧 본각'임을 알게 되는 수행은, 십지의 초지 이상에서 가능해진 '온전한 관행正觀'이다.

그러나 십지의 초지 이상에서 진여와 접속하게 된 '비로소 깨달은 시각'이 본각과 완전히 동일한 것은 아니다. 질적으로는 상통하지만 본각과의 합치 정도에는 차이가 있다. 본각과 부분적으로 합쳐지는 시각인 '부분적 본각으로서의 시각'이 있고, 본각과 완전하게 합쳐지는 시각인 '완전한 본각으로서의 시각'이 있다. 이것을 원효는 부분分와 완전滿의 차이로 설명한다.

이것은 『대승기신론』에서 "시각은 곧 본각과 같다"고 한 것과 같으니, 이 각은 생겨남과 사라짐生滅, 시작과 끝始終 등에 관한 상분별을 아주 떠난 것으로서 십지의 초지에서 시작하여 불지에 이르기까지 단지 부분分과 완전滿의 차이가 있을 뿐임을 알아야 한다"『금강삼매경론』, 한불1-611c. / "본래 무명을 따라서 모든 분별식이 일어나다가 이제 시각을 따라서 마음의 본래 자리로 다시 돌아가니, 마음의 본래 자리로 돌아갈 때 모든 분별식이 일어나지 않으며, 분별식이 일어나지 않기 때문에 시각이 원만하여짐을 밝히고자 한 것이다"『금강삼매경론』, 한불1-632c. / "시각이 원만할 때에 여덟 가지 식이 일어나지 않으니, 깨달음이라고 확정할 것이 없음을 깨달음에 따라 (상분별을 일삼는) 모든 식이 없어지기 때문이며, 궁극 지평을 깨달음에 따라 마음의 원래 자리로 돌아가기 때문이다"『금강삼매경론』, 한불1-632c. / "네 가지 지혜가 이미 원만해졌으니, 이것이 시각이 완전해진 것이다"『금강삼매경론』, 한불1-633b. / "시각이 원만하면 곧 본각과 같아져서 본각과 시각이 다르지 않기 때문에 '일각'이라고 하였으며 …"『금강삼매경론』, 한불1-633c.

결국, 십지의 초지 이상에서 본각 지평과 접속하면서 드러나기 시작한 '비로소 깨달은 시각'은, 수행의 지속적 심화 과정을 통해 완전성을 높여가다가 마침내 본각 지평과 완전히 합치되게 된다. 이것이 '시각이 곧 본각' '하나의 깨달음—覺' 등으로 부를 수 있는 국면이다. 보살의 52수행단계에서 궁극의 두 경지인 등각위等覺位와 묘각위妙覺位의 차이도 시각의 완전성 정도에 따른 차이이다. 시각을 구현해가는 원인이 완전해진 경지(始覺의 因滿)가 등각위라면, 원인 구족에 따라 그 결과가 완전해진 경지(始覺의 果滿)가 묘각위이자 본각이다. 묘각을 기준으로 보면, 묘각의 원인因이 완전해진 것滿이 등각위이고 그 결과果가 완전해진 것滿이 묘각이다. 등각위에서는 아직 근본무명이 근절되지 않아 미세한 상분별이 남아 있으므로 유식학이 말하는 제8식 범주에 있다. 그러나 묘각위에서는 근본무명이 근절되어 상분별이 완전히 사라지니, 유식의 제9식 지평이고 일심의 본래자리—心源다.

　본각과 시각이라는 개념을 통해 불교교학 및 선학을 종합하고 있다는 점이, 『대승기신론』과 『금강삼매경』의 불교

사상사적 특징이다. 이런 점에서도 『대승기신론』과 『금강삼매경』은 상호 밀접한 연관을 맺고 있다. 또 원효사상의 전개과정으로 볼 때, 원효는 『대승기신론』의 본각/시각 사상을 『금강삼매경론』을 통해 완결하고 있다. 『금강삼매경』 찬술자(들)는 분명 『대승기신론』의 본각/시각 사상에 정통하였으며, 『대승기신론』의 본각/시각 사상을 『금강삼매경』 찬술의 뼈대로 채택하고 있다. 그리고 원효야말로 『대승기신론』 사상에 정통한 인물이며, 그의 『금강삼매경론』은 『금강삼매경』 사상을 시각/본각으로 꿰고 있다.

『송고승전』「원효전元曉傳」이 전하는 "우리 궁중에는 전부터 『금강삼매경』이 있는데, 이각二覺이 원통圓通하여 보살행을 보여준다"는 용왕의 말이나, "이 경은 본각과 시각의 이각二覺으로써 핵심宗을 삼는다"는 원효의 말, 그리고 일연一然. 1206-1289이 원효의 『금강삼매경론』 저술에 대해, "해룡海龍의 권유에 따라 길에서 조서를 받아 『금강삼매경』의 소疏를 지으면서 붓과 벼루를 소의 두 뿔 위에 놓아두었으므로 이를 각승角乘이라 했는데, 또한 본각本覺과 시각始覺의 숨은 뜻을 나타낸 것이다"『三國遺事』卷4, 元曉不羈라고 평한 것은 모두,

『금강삼매경』이 본각과 시각 사상을 축으로 삼아 편찬된 것이라고 보는 시선을 전하는 것이다.

　본각/시각 사상과 관련된 이 모든 점을 종합할 때 이러한 추정이 가능하다. ―『금강삼매경』은 『대승기신론』 사상에 정통한 사람(들)이 본각/시각 사상을 축으로 삼아 편찬한 작품이다. 그리고 원효는 동시대 최고의 『대승기신론』 연구자인 동시에, 『금강삼매경』을 본각/시각 사상을 축으로 삼아 해설하고 있다. 따라서 『금강삼매경』 찬술 정황과 원효는 상상 이상으로 깊은 관계일 수 있다.

　본각/시각 사상을 축으로 볼 때, 대안이 품의 순서를 맞추었다는 『금강삼매경』은 제3 「본각리품」이 중심이 된다. 크게 보아 제1 「무상법품」과 제2 「무생행품」은 시각의 과정, 「본각리품」은 본각의 성취, 제4 「입실제품」/제5 「진성공품」/제6 「여래장품」은 본각의 구현적 전개로 볼 수 있다. 원효의 6종 6품 해석학도 사실상 「본각리품」을 수렴과 발산의 기준점으로 읽고 있다. 원효의 6종 6품 해석학을 시각/본각을 중심으로 재음미해 보자.

【6품 각각을 해석하는 유형 I】과 시각/본각

제1 「무상법품」을 통해 존재에 대한 개념 환각(상분별)을 교정하고 제2 「무생행품」을 통해 인식 주관에 대한 개념 환각을 치유하는 것은, '비로소 깨달아 가는 과정'이므로 시각 과정에 해당한다. 그 결과 인식적 착오와 오염의 장막이 거두어져 존재와 세계의 본래 모습을 있는 그대로 만나게 되니, 존재와 세계의 본래 모습이 마음 지평에서 있는 그대로 드러나는 국면은 '본래적 깨달음本覺'이다. 이 본각의 지평에서는 실체 환각으로 인한 일체의 분별이 사라지기 때문에, 실체의 벽에 의해 가로막혔던 자기와 타자, 모든 존재가, 홀연 서로 통하고 서로 만나게 된다.

그리하여 본각 지평에서는, 마치 한 몸처럼 만나고 있는 타자들을 향한 자애심이 저절로 솟아난다. 자타의 격리와 막힘이 트여 타자와 자신이 한 몸처럼 통하고 만나기에, 본각의 이익을 타자와 공유하려는 마음이 자연적으로 생겨나 자발적 이타행을 펼치게 된다. 또한 이 자연/자발의 이타행은, 자타를 실체로 나누는 자아관념相 없이 이루어지는 것이므로, 그 어느 자아의 주소지에도 머물지 않고 쉼 없이 끝없이 펼쳐진다. 본각 지평의 이익(본각의 이익)은 다름 아닌 '모든 개념의 집에 머물지 않을 수 있는 능력無住'이기에, 개념 환각을 깨뜨렸다는 관념에도 머물지 않고 세상과 만나 본각 지평을 공유하려는 노력을 끝없이 펼친다.

존재와 주관에 대한 상분별에서 풀려나 존재의 본래 모습이 현현하는 마음지평이 열리면, 자연/자발/무한의 이타심이 솟구치면서 타자들과 진리의 이익을 공유하려는 행동을 펼쳐 중생을 '진리 자리(본각)'로 이끄는 수행을 하게 된다. 이것이 「본각리품」의 세계다.

이타행은 행위 주체가 자아환각을 떨칠 수 있어야 온전하게 성공할 수 있다. 그래서 「본각리품」은, '본각에 부합'한 후에야 비로소 중생 교화의 이타행이 가능하다는 점을 밝힌다. 대승불교의 가장 큰 특징이 이타행의 강조인데, 그 대승의 이타행은 본각 지평에서 펼쳐져야 한다는 것이다. 그래서 「본각리품」에 이어 「입실제품」에서는, 본각 지평에서 펼치는 이타행이라야 이타행의 수혜자도 진리다운 이익을 누릴 수 있다는 것을 밝힌다.

이처럼 자기이익과 타자이익을 위한 행위가 모두 본각 지평 위에서 펼쳐지게 되면, 자기이익과 타자이익의 동시 구현이 진리지평 위에서 펼쳐지게 된다. 그리하여 「진성공품」에서는, 자기이익과 타자이익 구현이 공성의 본각 지평에서 하나로 결합한 채 펼쳐진다는 것을 밝힌다.

본각 지평 위에서 자연적/자발적 이타행을 펼치고, 그로 인해 자신과 타인의 진리이익 성취가 '하나로 결합하는' 경지가 완숙해지면, 모든 것이 진리의 한 맛—味으로 녹아드는 '여래장如來藏' 지평이 완전하게 구현된다. 「여래장품」은 이 소식을 전한다.

【6품 각각을 해석하는 유형 II】와 시각/본각

제1 「무상법품」에서 관행의 목표를 제시하고 제2 「무생행품」에서 관행의 내용을 밝히는 것은, '비로소 깨달아 가는 과정'이므로 시각 과정에 해당한다. 『대승기신론』은 '마음지평의 두 계열(一心二門, 心眞如門과 心生滅門)'을 펼치고 있는데, 심진여문은 무지로 인한 상분별이 완전히 해체된 진여 지평의 모습과 능력 및 작용을 밝히는 것이고, 심생멸문은 무지의 상분별로 인한 인식과 삶의 오염 전개와 그 오염의 제거과정 및 결실을 드러낸다. 따라서 「무상법품」·「무생행품」·「본각리품」은 심생멸문에 해당하는 셈이다. 그런데 「무상법품」과 「무생행품」이 「본각리품」으로 수렴되는 것이라는 점에서, 제3 「본각리품」만으로도 시각을 통해 본각을 드러내는 심생멸문을 나타낸다고 할 수 있다. 그리고 「본각리품」에서 열린 본각의 진여 지평 위에서 이타행을 펼치는 것은 진여의 능력이자 작용이므로, 제4 「입실제품」은 진여문眞如門을 나타낸다. 또 제5 「진성공품」이 밝히는 자리행과 이타행의 동시구현은 본각의 전개이며, 그 결과 모든 것이 본각의 일미가 됨을 알리는 것이 제6 「여래장품」이다.

【두 품씩 묶어 3문으로 해석하는 유형 I】과 시각/본각

『금강삼매경』 6품은 시각과 본각을 대승불교의 기치인 중생교화를 중심으로 삼아 펼치는 것으로 해석할 수도 있다. 중생 교화는 모름지기 본각 지평에서 전개해야 온전하다는 것을 밝히려는 것이 『금강삼매경』 6품의 구성 원리라고 볼 수 있는 것이다. 관행 수행의 목표를 제시하는 제1 「무상법품」과 그 목표 성취의 방법을 밝히는 제2 「무생행품」은 본각 지평을 드러내는 시각의 과정이다. 그리고 제3 「본각리품」은 본각 지평이야말로 진정한 교화의 이타행을 펼칠 수 있는 토대임을 밝히는 것이고, 제4 「입실제품」은 그 상相분별 없는 본각 지평에서 펼치는 교화의 이타행에 의해 중생이 진실의 문 안으로 들어가게 됨을 보인다. 따라서 「본각리품」은 교화의 근본으로서의 본각을 드러내고, 「입실제품」은 교화로 표현되는 본각의 능력에 해당한다. 제5 「진성공품」은 본각의 작용인 '상相분별 없이 하나로 펼치는 자리행과 이타행'을 보이고, 제6 「여래장품」은 본각의 능력과 작용의 결과인 '한 맛—味'을 드러낸다.

【두 품씩 묶어 3문으로 해석하는 유형 II】와 시각/본각

제1 「무상법품」은 관행의 목표가 '상相분별 깨뜨리기'에 있다는 것을 밝히는 것이고, 제2 「무생행품」은 '상相분별 깨뜨리기'의 방법을 나타내므로, 이 두 품은 '상분별을 버리고 왜곡되지 않은 본래 모습을 회복하는 것遣相歸本', 즉 '비로소 깨달아 가는 시각'에 해당한다. 제3 「본각리품」과 제4 「입실제품」은, 시각을 통해 드러난 본각의 상분별 없는 진여지평에서 교화의 이타행이 펼쳐지는 것을 밝힌다는 의미에서, '근본 본래자리에서 이타의 행위를 펼치는 것從本起行', 즉 본각의 능력에 해당한다. 그리고 제5 「진성공품」과 제6 「여래장품」은, 상분별을 깨뜨려 본래자리(본각)로 돌아가는 것과 그 자리에서 교화의 이타행을 일으키는 것을 함께 보여주므로, '돌아감과 일으킴을 모두 드러내는 것雙顯歸起', 즉 시각과 본각이 '한 맛'으로 돌아감을 보여준다.

【세 품을 하나로 묶어 2문으로 해석하는 유형 I】과 시각/본각

제1 「무상법품」은 존재 일반을 향한 상相분별을 깨뜨리는 것을, 제2 「무생행품」은 인식 주관인 마음을 향한 상분별을 깨뜨리는 수행을 밝힌다. 그리고 이 두 품에 의해 존재에 대한 상분별과 마음에 대한 상분별이 없어지면, 상분별로 인해 가려졌던 본래의 참모습인 본각 지평을 만나게 된다. 「무상법품」과 「무생행품」을 원인으로 「본각리품」이 성립되는 것이다. 이와 같이 하나로 묶을 수 있는 세 품의 인과관계는 시각과 본각의 현실적 인과관계이기도 하다. 「무상법품」과 「무생행품」의 시각 과정이 원인이 되어, 「본각리품」의 본각 지평이 결과로서 드러나는 것이다.

「입실제품」과 「진성공품」은, 본각의 능력과 작용을, 본각 지평의 상분별 없는 자리에서 펼치는 교화의 이타행을 통해 밝히는 것이며, 「여래장품」은 본각 지평과 본각의 능력 및 작용이 모두 '한 맛'으로 돌아가는 것을 여래장을 빌려 설한다. 따라서 「입실제품」과 「진성공품」 그리고 「여래장품」을 하나의 범주로 묶을 수 있다.

【세 품을 하나로 묶어 2문으로 해석하는 유형 Ⅱ】와 시각/본각

「무상법품」과 「무생행품」은 존재와 주관에 대한 상분별을 깨뜨려 본래의 참모습(본각)과 만나는 「본각리품」을 성립시킨다. 그리고 「입실제품」과 「진성공품」 및 「여래장품」
은, 이 상분별 없는 본각 자리에서 이타행을 펼치고 중생도
그 본래자리로 이끌어, 다 함께 여래장의 세계와 하나가 되
는 소식을 알려준다. 따라서 「무상법품」/「무생행품」/「본각
리품」은, 상분별의 허구를 깨뜨리는 시각을 통해 본각 자리
로 귀환하는 것을 밝힌다는 점에서 '허망함을 버려 참됨의
원인을 드러내는 것'이고, 「입실제품」/「진성공품」/「여래장
품」은, 그 결과로서 드러난 참됨, 즉 본각 자리의 모습과 능
력과 작용을 보이는 것이다.

제9장

머무름 없이 중생을 교화하는 선

無住/不二의 敎化衆生禪

'어디에도 머무르지 않을 수 있는 마음능력'

― 무생법인無生法忍

선 수행을 통해 확보해야 할 능력은 '어디에도 머무르지 않을 수 있는 마음'이다. 존재 환각의 그 오래고 질긴 속박에서 풀려날 수 있으려면, 그 어떤 개념적 경험에도 머무르지 않을 수 있는 마음 지평이 열려야 하고, 선 수행의 요점은 이 지평을 여는 마음자리를 확보하는 데 있다. 『금강삼매경』은 이 '머무르지 않는 마음능력'을 무생법인無生法忍이라 부른다. 원효에 따르면, 십지의 초지 이상에서 가능하게 되는 '온전한 관행/참된 관행正觀/眞觀'에 의해 성취하는 것이, 이 무생법인이라고 하는 '머무르지 않는 마음능력'이다.

"무생법인이라는 것은 현상이 본래 일어남이 없다는 것을 깨닫는 것"「금강삼매경론」, 한불1-624a이다. 십지 이전의 관행인 방편관에서는 지관止觀 수행으로써 '존재에 대한 상분별'을 그치지만, '상분별을 그쳤다'고 하는 마음을 일으킨다. 비록 상분별의 '있음有'은 깨버렸지만, '상분별이 없어졌다'는 '없음無'의 생각을 붙드는 마음이 생겨나는 것이다. 아직 주관에 대한 상분별을 깨지 못했기 때문이다. 그러나 십지의 초지 경지에 들어서면, '상분별이 소멸했다'고 하는 '적멸寂滅이나 없음無을 붙드는 마음'조차 일으키지 않게 된다. 주/객 이분법주의 모든 것이 식識의 구성이라는 유식무경唯識無境의 도리를 이해와 마음으로 챙겨, '상분별을 그쳤다'는 마음/주관마저 본래 실체로서 있는 것이 아니라는 점을 깨닫기 때문이다. 그리하여 '상분별하는 마음有/生'에도 머무르지 않고, '상분별하는 마음이 그쳤다'고 하는 마음無/滅에도 머무르지 않을 수 있게 된다. 이것이 무생법인의 '머무르지 않는 마음능력'이다.

168

'일으킴 없고 머물지 않는 선無生/無住의 禪'

원효는 이 '머무르지 않는 마음능력'을 선禪에 적용한다. 선禪을 '안정', '고요', '생겨나지 않음' 등으로 개념화시켜 내용을 고정시키는 순간, 선禪은 상분별로 왜곡되고 그 본령은 상실된다. 선禪에 개념의 옷을 입혀 내용을 확정하고 대상화시키려는 마음, 그렇게 대상화된 선禪을 향해 차지하려고 나아가는 마음, 움켜쥐고 머무르려는 마음은, 상분별하는 마음이어서, 그런 마음으로 행하는 관행의 선 수행이나 그로써 성취하는 선정은 진선眞禪이 아니라 망선妄禪이다.

'분별한다', '분별하지 않는다', '상분별이 생겨났다', '상분별이 그쳤다' 등등, 선 수행 과정에서의 그 어떤 경험도 개념화시켜 거기에 머무르면 온전한 선이 아니다. 선과 관련된 그 어떤 개념도 붙드는 마음을 일으키지 않을 수 있는 '일으킴이 없는 선無生禪', 선에 연루된 그 어떤 개념의 주소지에도 머무르지 않을 수 있는 '머무름이 없는 선無住禪'이라야 참된 선眞禪이다. 그러한 '일으킴 없음'과 '머물지 않음'을 가능케 하는 것은 다름 아닌 유식무경唯識無境의 유식 도리이다. 주/객관의 모든 개념적 경험이 식識의 구성물임을 알기에, 그들을 '본래 생겨남 없고' '잡을 수 없으며' '머물 수 없는' 것이라 알아, 붙들지 않을 수 있다. 이러한 대승의 '일으킴 없고無生 머물지 않는無住 선'에 비해, 소승이나 외도의 세간선世間禪은 주/객관의 그 어떤 경험을 개념으로 붙들어 버리게 된다는 것이 원효의 판단이다.

이 참된 선으로 인해 열리는 마음자리에서는, '서로 열리고通 서로 껴안는攝' 세상을 만난다. 모든 존재에 실체라는 환영을 덧씌우고 소유 대상으로 만들어, '서로 막고 밀어내는', 존재 환각계열에서 빠져나왔기 때문이다. 참된 선으로 인해 세상의 '서로 열리고通 서로 껴안는攝' 모습을 보게 되는 마음 국면을, 원효는 '하나가 된 마음자리'라 부른다. 참된 선으로 인해 확보되는 이 마음자리에서는, 동요와 오염 없이 세상과 자발적 자비심으로 관계 맺는다. 원효에 의하면, 이것이 주관과 객관의 모든 경험을 '평등한 한 맛一味'으로 누릴 수 있는 '한 맛이 되는 참된 선一味眞禪'이다.

'선禪을 한다고 하면 곧 동요가 된다'는 것은, 세간의 선禪이 비록 산란하지는 않으나 (선을) 대상화시키고 그것을 지니려는 마음이 일어나 동요를 일으키기 때문이다. 이와 같이 동요를 일으키는 선禪을 여읠 수 있어야 '진리다운 선정理定'에 들어갈 수 있기 때문에 '일으킴이 없는 선禪'이라 한 것이고, 이와 같은 '진리다운 선정'의 참모습은 동요를 일으킴이 없기 때문에 '선禪의 참모습은 일으킴이 없다'고 한 것이며, 단지 일으킴이 없을 뿐 아니라 또한 고요함에 머무름도 없기 때문에 '선禪의 참모습은 머무름이 없다'고 한 것이다. 만일 일으킴이 있으면 곧 환각相이고, 머물러 집착함이 있으면 곧 동요이니, 이제 이것과 반대가 되기 때문에 '선禪을 일으키려는 환각을 여의었고, 선禪에 머무르려는 동요를 여의었다'고 하였다『금강삼매경론』, 한불1-628c.

이 아래는 개념 환각相을 여의었음을 나타내었다. '이 같음如은 다시 저것과 같지 않다'는 것은, 여래관如來觀에 들어가서 주관과 객관能所이 평등한 것을 같음如이라 하기 때문이다. '같음如으로써 참다움如實을 관觀한다'는 것은 평등한 지혜로써 참다움如實을 통달하기 때문이고, '참다움을 관觀한다는 모습을 보지 않는다'는 것은 관觀하는 지혜와 관觀의 대상인 참다움을 별다른 것으로 보지 않아 평등한 한 맛─味이기 때문이다. … 세간의 선禪은 개념 환각相을 취하여 마음이 일어나므로 곧 '동요하는 생각動念'이고, '동요하는 생각'은 고요함이 아니기 때문에 참된 선禪이 아니다. 이 아래는 참된 선禪이 모든 동요하는 모습을 여의었음을 나타내었다. … 개념 환각相을 여의고 동요를 여의어야 선禪이라는 이름을 얻을 수 있으니, 선禪은 '분별하는 생각이 그친 것靜慮'을 일컫기 때문이다. 저 세간의 선정定을 선禪이라 하는 것은, 거짓으로 선禪이라 부르는 것이지 참된 선禪은 아니다「금강삼매경론」, 한불 1-658a-b.

'둘 아니게 살아가는 선不二禪'

참된 선으로 인해 열리는 '하나로 보는 마음자리'에서는, 실체 관념과 연루된 모든 개념적 환영이 거두어진다. 그리하여, 언어에 담긴 개념을 실체화시켜 '막고 밀어내며 닫아버리던' 존재와 세상이, '서로 열리고通 서로 껴안는攝' 지평에 올라선다. 나와 타인, 속인과 성인, 세간과 출세간, 선禪과 세간사를, '실체인 둘로 나누지 않는不二' 마음지평이 열린다.

원효에 의하면, 선 수행은 모름지기 입정入定의 선禪과 출정出定의 사회적 관계事, '선의 마음지평'과 '세간사 만나기'를, 별개의 것으로 분리시키거나 불화를 일으키게 하지 않을 수 있는 능력의 확보로 이어져야 한다. 선 수행자는 '둘 아니게 살아가는 선不二禪'을 성취해 가야 한다는 것이 원효의 선관이다.

삶과 세상을 지배하는 무지를 궁극적으로 깨쳐 '지혜와 자비의 주인공'이 되겠다며 불철주야로 선 수행에 몰두하여 남다른 성취를 한 구도자들, 그래서 선의 권위자가 된 구도자들이 있다. 그런데 그들이 세간사와 관계 맺을 때면, 세인들을 어이없게 만드는 수준의 말과 생각과 행동을 보여주는 경우를 목격할 때가 드물지 않다. 선 수행으로 가다듬은 개인적 신구의身口意와, 세상과 만날 때 드러나는 사회적 신구의의 이 기이한 부조화는, 보는 이들과 구도자들 모두를 당혹하게 한다. 선 수행이 삶과 세계의 가장 깊숙한 무지와 환각을 마음 지평에서 떨쳐내는 일일진대, 선禪 득력자得力者의 사회적 언행과 생각이 어떻게 세속의 교양지성 (지식 교양이 아니라 탐욕/성냄/무지 극복의 지성 교양) 수준에도 미치지 못하는 일이 발생할 수가 있을까? 이런 현상은 선 및 선 수행에 관한 통념적 관점에 중요한 오류나 맹점이 있음을 짐작하게 하는 단서로 볼 수 있다. 그런 점에서 원효의 선관은 일깨워주는 바가 크다.

'진리대로인 관행理觀' 가운데 '마음이 진리 같아져서 (환각의 오염이 없이) 청정하여 옳다거나 그르다는 마음이 없다'고 한 것은, 진리에 따라 환각적 인식이 사라져無相 마음에 분별이 없기 때문이다. 뒤의 대답 가운데 "마음과 일事이 둘이 아닌 것을 '간직함의 공능存用'이라 한다"라는 것은, 세 가지를 간직하는 작용의 뛰어난 능력을 말한 것이다. 만일 사람이 세 가지를 간직하는 작용의 공능을 얻지 못하면, 마음을 고요히 하여 공을 관찰하더라도 일에 관여하면 (공하다고 보는) 생각을 놓치고, '나' '나의 것'이라는 생각을 취하여, 역경과 순경에 급급하고 세상사 변화에 동요되어, 마음과 일이 각각 다르게 된다. 만일 세 가지 해탈을 익숙하게 닦을 수 있는 사람이라면, 관행觀行에서 나와 일에 관여하더라도 관행의 힘이 여전히 남아 있어 나와 남을 분별하고 집착하는 생각을 취하지 아니하여 좋고 나쁜 경계에 급급하지 않으니, 이로 인해 세상사 변화에 요동치지 않게 되고 (관행의 선정에) 들어가고 나오는 것을 함께 잊어서 마음과 일이 다르지 않게 되니, 이와 같아야 곧 '세 가지를 간직하는 공능'이라 한다. 이 관행을 처음 닦는 것은 십신의 단계에서이고, 간직함의 공능이 이루어지는 것은 십주의 단계에서이다. 『본업경』에서 십주위를 설명하는 가운데 이 관행을 세운 것과 같다. '안으로 행함'이하는 두 번째 질문에 대답하면서 관행의 특징을 밝힌 것이다. '안으로 행함'이란 것은 관觀에 들어가 공적하게 비추는 행위이고, '밖으로 행함'이란 것은 관에서 나와 중생을 교화하는 행위이다. (觀에서) 나오거나 (觀에) 들어가거나 중도를 잃지 않기 때문에 '둘이 아니다'라 하였다. … '하나라는 생각에도 머물지 않는다'는 것은 이제관二諦觀이기 때문이고, '마음에 얻고 잃는 것이 없다'는 것은 평등관平等觀이기 때문이다. 이 두 가지의 방편관에 의지하여 (10지의) 초지初地 법의 흐르는 물에 진입하기 때문에 '하나이면서도 하나가 아닌 경지에 마음을 청정히 하여 흘러들어 간다'고 하였다. 저 경에서 "세 가지 관三觀이란, 가명假名으로부터 공에 들어가는 것을 이제관이라 하고, 공으로부터 가명에 들어가는 것을 평등관이라고 하니, 이 두 가지 관행은 방편도이다. 이 두 가지 공관으로 인하여 중도제일의제관中道第一義諦觀에 들어가게 되니, 이제二諦를 쌍으로 비추어 마음과 마음이 적멸하여 초지법의 흐르는 물에 들어간다"라고 하면서 널리 설명한 것과 같다.『금강삼매경론』, 한불1-646b-647a.

선 수행으로 득력하여 홀로 공부 챙길 때는, '나' '나의 것'이라는 자아 환각에 붙들리지 않아 '하나로 보는 마음자리'에서 쉬는 듯하다. 그러나 사람과 만나고 일을 처리할 때에는, 예의 그 중생 자아가 고스란히 행세한다. 아마도, 비록 정도의 차이는 있을지라도, 대부분의 선 수행인들이 일상에서 겪게 되는 딜레마일 것이다. '정중공부靜中工夫는 되어도 동중공부動中工夫는 아직 익지 않아서 그런 것'이라고 처리하는 것이 이 딜레마에 대한 선문禪門의 전형적 대응이다.

그러나 이때 '동중공부'의 '움직임動'은 어디까지나 사회관계와 일정한 거리를 두고 공부에 전념하는 범주에서의 일이지, 세간의 이해관계와 만나 의견을 내고 일을 처리하는 세간사 범주의 사회적 움직임이 아니다. 그런 점에서 선문 전통의 '동중공부'는 니까야가 전하는 신념처身念處의 행선行禪에 해당하는 것은 되어도, 선 수행과 사회적 관계(세간)의 간극과 불화에 대한 해명이나 해법이 되기는 어렵다.

니까야가 전하는 붓다의 일상에서는 선정을 누리는 일과 세간과 만나는 일이 한 맛으로 꿰여져 경이롭게 결합되어 있다. 주저함이나 거리낌 없이 사람들과 만나 판단하고 말하며 행동하는가 하면, 그렇지 않을 때는 홀로 선정에 든다. 그리고 세간사와 만나 생각하고 말하고 행동하는 모든 때에, 심지어 수면 상태에서도, 탐욕과 성냄과 무지의 오염이나 동요로부터 말끔히 자유롭다. 다름 아닌 붓다 자신의 자기 증언이다. 예컨대 맛지마 니까야의 '삿짜까에 대한 큰 경Mahāsaccakasutta'을 보라. 붓다에게는 입정入定의 선禪과 출정出定의 사회적 관계가 단절이나 불화 없이 이어져 있다. 붓다의 선은 '본디자리 지키는 마음지평'의 개인적 간수와 사회적 전개가 '한 맛'으로 관통하고 있다.

흥미롭게도 선정에 관한 원효의 안목은 이러한 붓다의 선 지평에 접속하고 있다. 비록 실체라는 환각을 꿰뚫어 보고 그것에 붙들리지 않는 마음자리를 밝혀 챙겨갈 수 있는 지평을 열었을지라도, 막상 세간사와 관계할 때에는 그 마음자리를 놓치고 자아 환각에 붙들려 역순경계에 따라 동요하고 만다면, 이것은 선禪의 마음과 세간사가 둘로 나뉘어 불화하는 것心事各異으로서, 아직 온전한 선이 아니다. 이에 비해 세간사와 만날 때라도, 존재 환각에 붙들리지 않는 '참되게 알기觀'를 놓쳐버리거나 그것이 혼탁해지지 않아, 존재 환각에 따른 분별심을 일으키지 않고 세간사 역순경계 속에서도 동요하지 않는다면, 이것은 선의 마음과 세간사가 '둘 아닌 것'으로 상응하는 것心事不二으로서, 비로소 온전한 선이다.

원효가 파악한 참된 선, 그가 본 불교 본연의 선관은, '선의 마음지평'과 '세간사 만나기'가 분리되지 않게 노력하는 것이다. 선의 마음자리와 세간사 만나기가 '둘 아니게' 이어지도록 노력하는 것이 참된 선 수행이다. '둘 아니게 살아

가려고 하는 선不二禪'이 불교적 선 수행이라는 소식이다. 원효는 이 소식을 자신 있게 노래하고 있다.

선과 언어적 성찰의 결합

선 수행을 통해, 선禪과 세간사가 '둘로 나뉘어 불화하지 않는不二' 능력까지 성취하고, 그러한 능력을 현실에서 구현하려면, 언어적 성찰의 힘이 필수적이다. 따라서 '선의 마음지평'과 '세간사 만나기'가 분리되지 않을 수 있어야 한다는, 원효의 '둘 아니게 살아가려고 하는 선不二禪'에서는, 선과 언어적 성찰이 순기능적으로 결합하고 있다.

'언어를 통한 이해와 지적 성찰의 능력'을 고도화시키는 것은, 탐욕/성냄/무지에 의한 실존 오염을 제어하고 정화시키는 능력의 향상과 상당 부분 인과적 연관을 맺고 있다. 인류가 소중히 가꾸어 온 지성 발달의 의지에는, 실존 정화와 언어적 성찰의 상호 연관에 대한 신뢰와 기대가 담겨 있다. 비록 인간 실존의 오염을 제어하고 정화하는 언어적 성찰력의 역할과 효과가 기대에는 못 미칠지라도, 언어적 성찰력의 향상 없이는 실존 구제가 불가능하다. 언어적 사유의 한계와 함정도 언어적 성찰력의 자기 점검과 비판에 의해 그 출구를 전망할 수 있다. 언어적 성찰력은 존재 해방과 실존 정화의 토대라고 보아야 한다.

언어적 성찰의 힘을 계발한다는 것은, 언어로 담아내는 관점과 주장의 다채로운 결을 식별해 내는 능력을 향상시킨다는 의미를 지닌다. 현실의 문제상황은 사태를 보는 다양한 관점과 주장이 언어에 담겨 복잡하게 얽혀 있는 경우가 대부분이다. 따라서 다수, 다층의 언어적 주장들을 놓치지 않고 포착하여 충분히 이해하는 능력을 갖출수록, 한 사태에 얽힌 관점의 복잡성을 제대로 읽어낼 수 있고, 그에 따라 판단력과 대응력의 적절성은 높아진다. 관점과 주장들의 그 다양하고 다층적인 맥락과 의미를 소화해 내는 능력이 다름 아닌 '언어적 성찰력'이다.

언어적 성찰의 힘을 키우려면, 관점과 주장을 담아 유통되는 언어들에 접속하여 그것을 소화해 내려는 '언어 적극성'이 요구된다. 지식과 이론을 '분별 알음알이'라면서 외면할 것이 아니라, 지식과 이론을 능히 감당하여 농락당하지 않을 수 있는 탄탄한 언어 능력을 구축해야 한다. 언어 바다에 몸담는 것을 두려워말고, 파도에 휩쓸려 침몰하지 않고 헤쳐 나갈 수 있는 언어 유영遊泳의 힘을 지녀야 한다.

원효가 펼친 선의 지평, 그 '둘 아니게 살아가는 선不二禪'은, '선의 마음'과 '세간사 만나기'가 분리되지 않게 하는 것이다. 선의 마음자리와 세간사 만나기가 '둘 아니게' 이어지도록 노력하는 것이 선 수행이며 선의 본령임을 원효는 역설하고 있다. 그런데 선 수행과 세간사 만나기가 '둘로 나뉘어' 따로 돌지 않으려면, 선의 '마음자리'는 세간사를 제대로 포착하여 대응할 수 있는 '언어적 이해/지적 성찰의 힘'과 결합되어야 한다.

비록 환각 분별의 범주에 빠져들지 않는 마음자리는 밝아져서 그 자리를 지키는 일이 어떤 국면인지 챙기게 되었지만, 세간을 운영하고 있는 언어적 이해(이것을 불교에서는 俗諦라고 한다)에 어두우면, 세간사와 만날 때 언어적 이해/지적 성찰의 결핍으로 인한 '마음과 일의 균열과 부조화'가 커지게 된다. 반면, 세간의 언어적 이해에는 밝아 일 판단과 대응 능력은 고조되어 있지만, 여전히 언어 환각과 분별

범주 속에서 헤매는 마음자리에 붙들려 있으면, 그의 언어 능력은 언제든지 탐욕/성냄/무지의 불길을 키우는 기름이 된다.

분별 환각에 빠져들지 않는 마음자리를 놓치지 않는 '선정 삼매의 힘'에 '언어적 사유'는 결합될 수 있을까?, '선정 삼매의 언어적 사유'는 가능한 것일까? 원효의 관심과 안목은 이 지점에까지 나아가고 있다.

옛 논사는 "저 삼매라는 명칭을 여기서는 정사正思라고 한다" 고 말했다. 지금 이 말을 적는 것은 글 뜻에 합당하기 때문 이다. 선정定에 있을 때에는 반연하는 대상에 대해 자세하고 바르게 생각하고 살피기 때문에 정사正思라고 한다. 이것은 『유가론』에서 "삼마지(사마디, 삼매)란 것은 반연하는 대상에 대하여 자세하고 바르게 관찰하는 심일경성心一境性이다"라고 한 것과 같다.

질문; "선정이란 고요함이어서 하나의 대상에 고요히 머무는 것이어야 하는데, 어째서 자세하고 바르게 생각하고 살핀다고 말하는가? 그리고 생각하고 살피는 작용은 심사尋伺라고 해야 하는 것인데, 어째서 선정을 생각하고 살피는 것이라고 말하는가?"

대답; "만약 하나의 대상을 지키는 것을 선정이라고 한다면 혼침한 상태로 대상에 머무는 것도 응당 선정이어야 할 것이며, 만약 바르게 생각하고 살피는 것을 심사尋伺라고 한다면 그릇된 관점에서 생각하고 살피는 것은 심사가 아니어야 할 것이다. 생각하고 살피는 것에는 두 가지가 있음을 알아야만 한다. 만약 그르거나 바른 것에 다 통하는 의언분별意言分別을 '생각하고 살피는 것'이라고 한다면, 곧 이것은 심사尋伺이며 바로 분별分別이다. 만일 오직 반연하는 대상을 자세하고 바르게 분명히 아는 것을 '바르게 생각하고 살피는 것'이라고 한다면, 바르다는 것正은 선정定의 작용이고 심사尋伺가 아니다. 선정은 분별과 무분별에 다 통하므로, 자세하고 바르다는 것으로써 저 심사尋伺와 구별된다. 또 하나의 대상에 머문다는 것도 두 가지가 있다. 만약 하나의 대상에 머무는데 혼미하고 어리석어 자세히 살필 수 없다면 곧 이것은 혼침이다. 만약 하나의 대상에 머무르면서 가라앉지도 들뜨지도 아니하여 자세하고 바르게 생각하고 살핀다면 이것은 선정이라 부르니, 따라서 생각하고 살피는 것으로써 저 혼침과 구별된다. 그러므로 머무는 것과 옮겨 다니는 것으로써 선정과 산란함의 차이를 구별하지는 않는다는 것을 알아야 한다. 어째서인가? 빠르게 올바로 따져주는 변설은 비록 속히 이전하지만 선정이 있기 때문이고, 느리고 둔한 생각은 비록 오래 대상에 머물지만 산란함이기 때문이다. 이제 이 금강삼매를 '바르게 생각하고 살피는 것'이라고 하는 것은, (이 삼매에서는) 바름도 바르지 않음도 없고, 생각이거나 생각 아닌 것도 없으나, 다만 분별하는 잘못된 생각과 구별하기 위하여, 또 허공이 아무런 생각이 없는 것과는 같지 않기 때문에, 억지로 '정사正思'라고 이름한 것일 뿐이다." 삼매라는 명칭을 대략 해석하면 이와 같다「금강삼매경론」, 한불1-606a-b.

'생각하고思 살피는觀 것'은 언어적 사유다. 개념의 집인 언어를 통해 대상의 특징과 내용을 포착해 가는 것이 사유와 관찰이다. '생각하고思 살피는觀 것'에 해당하는 심尋, vitakka과 사伺, vicāra는, 니까야가 전하는 붓다의 설법에서 두 유형의 상이한 의미로 나타난다. 무지를 증식시켜 가는 분별사유가 그 하나이고, 무지를 치유해 가는 진리다운 사유가 다른 하나이다. 후자의 대표적 사례는 사선四禪의 초선初禪에서 등장하며, 니까야의 정학定學을 계승하는 대승불전에서도 주요 개념으로 다루어진다.

원효는 『유가사지론』이 거론하는 선정에서의 심사尋伺를 주목하고 있다. 그는 선정과 삼매를 이 '언어적 사유'와 연결시키고 있다. 선정으로 삼매에 든다는 것은, 언어적 사유가 멈추거나 폐기되는 것이 아니라, 분별 환각에 지배받지 않는 올바른 사유가 작동하는 마음 지평이 열리는 것이라고 갈파한다. 달리 말해, 언어적 사유로 하여금 분별 환각에 지배받지 않고 대상을 온전히 파악할 수 있게 하려면, 선정 수행을 해야 하고 금강삼매를 성취해야 한다는 것이다. 따라서 언어적 사유의 폭과 층을 풍요롭게 계발한 사람이 선 수행을 한다면, 그는 선정이 열어주는 '분별 환각에 지배받지 않는 마음 지평'에 언어적 성찰력을 결합시켜, 세간사 만나기와 선 수행을 '둘 아니게' 할 가능성을 높이게 된다.

선 수행을 '둘 아니게 살아가는 길에 오르는 일'이라고 보는 원효의 선관禪觀은, 그 길에 올라 걸어가려면 '둘 아니게 보는 마음자리'를 확보해야 하는 동시에, 그 마음자리에서 '언어적 이해/지적 성찰'을 작동할 수 있는 언어적 사유의 힘을 갖출 것을 요구한다. 선 수행인에게 언어적 이해/지적 성찰은, 내쳐야 할 분별이기만 한 것이 아니라, '선의 마음자리'와 '세상'이 균열 없이 만날 수 있는 기초이기도 한 것이다. 원효 자신이 남긴 정밀하고도 풍성한 언어는, 그러한 선관에 수반된 궤적으로 보아도 무방할 것이다.

'중생을 교화하는 선教化衆生禪'

선 수행을 통해 성취하는 '그 어떤 언어 주소지에도 머무르지 않을 수 있는 능력', 그러면서도 '충분한 언어적 성찰력을 지니고 둘 아니게 살아갈 수 있는 능력'은, '중생을 교화하는 선'으로 이어진다. 선 수행은 '머무름 없고 나누어지지 않으면서 중생을 교화할 수 있는 능력'의 성취와 발현으로 이어져야 한다는 것이 원효의 선관이다.

'비어 고요함空寂을 모두 여의었다'는 것은 (중생 교화를 위해) 상황에 맞추어 모든 유형의 세계三有에 두루 태어나기 때문이고, '모든 공空에 머무르지 않는다'는 것은 다섯 가지 공空에 머무르지 않고 항상 시방 세계의 중생을 교화하기 때문이니, 이것은 중생을 교화하는 선禪을 밝힌 것이다. '마음은 없음無에 있다'는 것은, 비록 몸은 (중생 교화를 위해) 온갖 세계를 돌아다니지만 마음은 항상 '없음의 진리理無'에 놓인 것이다. '없음의 진리'란 것은, 진리理는 온갖 세계를 실체로 보는 생각三有之相이 끊어진 것이다. '위대한 비움의 경지大空에 있다'는 것은, 비록 항상 시방 세계의 중생을 교화하지만 마음은 위대한 비움의 경지에 있는 것이니, '위대한 비움의 경지'란 것은 '시방 세계를 큰 것으로 보는 생각이 비어버린 것'이다. 이것은 깨달음의 도리佛法를 성취하는 선禪을 나타낸 것이다. 몸은 비록 (중생 교화를 위해) 움직이지만 마음은 고요하여 동요하지 않으니, 이것이 곧 위에서 말한 '바탕性이 금강金剛과 같다'는 것이다『금강삼매경론』, 한불1-621b.

'외부 환경의 영향을 최소화한 개별적 독거獨居 수행을 통해 궁극적 차원에서의 개인 완성을 성취해 가는 것이 선禪 수행'이라는 인식은, 아마도 선불교 전통 일반에 만연한 선관禪觀일 것으로 생각한다. 그런데 원효의 선관은 이러한 선에 관한 통념과 거리를 두고 있어 주목된다. 원효에 따르면, 실체 관념을 일으킨 식識이 구성한 모든 존재 환각물이 본래 근거 없다는 것을 알아, 그 환각물을 붙들고 일으키던 부질없는 동요가 그친 고요의 평안空寂을 개인적으로 누리는 것은, 선禪의 본령이나 궁극이 아니다. 선의 본령은, 몸이 세계와 관계 맺으면서도 내면적 동요를 일으키지 않을 수 있는 마음자리에 서는 것이다. 그리고 선禪 수행인이 세계와 맺는 관계는, 중생 이익에 기여하는 것을 축으로 삼아야 한다. 몸은 부지런히 중생의 법익法益(진리다운 이익)을 위해 움직이면서도, 마음은 관계의 변화나 성패에 지배받지 않고 내적 평온을 유지해 가는 선이라야, 마침내 금강삼매를 성취하여 깨달음을 완성할 수 있다.

불변의 독자적 본질을 지닌 실체는 본래 없다는 것을 유식무경의 도리에 따라 꿰뚫어 알면서도觀, 그 지적 지평을 개인적 성취에 국한시키지 않고 다시 세속과 만나, 중생의 이익을 위해 판단하고 행동하는 행위를 실천한다. 동시에 그 '유식무경의 지적 지평' 성취理入를, '유식무경의 마음지평' 성취行入로 발전시켜, '하나로 보는 마음자리를 지키는 알아차림(一心如의 觀)'을 놓치지 않을 수 있는 능력으로 향상시킨다. 그리하여, 실체라는 환각에 의해 구축된 세속의 이해관계에서 비롯되는 온갖 부침과 오염에 붙들리지 않음으로써, 세간사와 만나 중생의 진리다운 이익성취에 기여해 가면서도 동요하거나 피곤해 하지 않을 수 있는 마음지평을 간수해 가는 것. ─ 이것이 선 수행의 본령이고 목적이며 궁극이라고 보는 것이 원효의 안목이다.

'열반의 집에 들어갔으나 마음이 온갖 세계三界에서 일어난다'는 것은 세 가지 해탈(허공해탈, 금강해탈, 반야해탈)과 그 셋을 간직함으로써 생겨나는 공능이다. 온갖 세계가 공적空寂한 것을 '열반의 집'이라 하니, 마음을 편히 하여 깃들 수 있는 (환각의 오염이 없는) 청정한 곳이기 때문이다. 세 가지 해탈을 지닌 관觀으로써 온갖 세계三界를 공空한 것으로 보는 경지에 들어갔으나, 그 증득에 집착하지 않고 다시 속세와 관련된 마음을 일으켜 널리 온갖 세계의 중생을 교화하기 때문에 '마음이 온갖 세계에서 일어난다'고 말한다. 온갖 세계와 관련된 마음을 일으켰으나 물들거나 집착하지 않으니, 이것이 (세 가지 해탈을) 간직함으로써 생겨나는 공능이다. '여래의 옷을 입고 법공法空의 처소에 들어간다'는 것은 곧 '하나가 된 마음의 진리 같아짐—心如을 지키는 관觀'이니, 온갖 세계에 들어가 널리 중생을 교화할 때 인욕의 옷을 입었지만 피곤해하지 않으며, 다시 법공法空에 들어가 '하나로 보는 마음과 같아짐'을 지키는 것이다.「금강삼매경론」, 한불1-647b-c.

제10장
원효 선관의 두 가지 특징

불교의 전통에서 생명의 궁극적 자기완성은 '부처되기'와 '부처로 살기'다. 그리고 대승불교에서 그 생명 완성(부처되기) 및 구현(부처로 살기)의 길은 보살수행의 52단계52位다. 52위의 마지막 정점이 묘각妙覺인데, 원효는 금강삼매의 성취를 그 묘각 구현의 직전 조건으로 본다. 그래서 금상삼매를 묘각 바로 이전인 등각等覺 경지에 둔다. 『금강삼매경론』을 통해 펼치는 원효의 선관은 일미관행을 중심축으로 삼아 변주되고 있는데, 일미관행으로 수렴되는 모든 선 수행은 다시 금강삼매로 수렴된다. 모든 선 수행은 일미관행이 되어야 하고, 일미관행은 금강삼매를 성취하게 한다.

원효가 금강삼매의 성취조건으로서 설하는 일미관행의 내용에서 목격되는 두 가지 중요한 면모가 있다. 하나는 '공성空性인 진여 지평과 접속한 이후에 행하는 선 수행이라야 진정한 선'이라는 것이고, 다른 하나는 '자기이익과 타자이익을 하나로 결합시킬 수 있는 선'이라야 한다는 것이다. 『금강삼매경론』에서 다채롭게 펼쳐지는 원효의 선사상은 결국 이 두 원리로 수렴되고 있는데, 원효는 이러한 원리를 구현시킬 수 있는 선을 '온전한 관행正觀/참된 관행眞觀/진리대로인 관행理觀/진리다운 선정定/여래선如來禪/참된 선眞禪/일으킴이 없는 선無生禪/머무름이 없는 선無住禪/중생을 교화하는 선敎化衆生禪' 등으로 표현한다. 이것이 원효 선관의 핵심이자 특징이다.

'공성空性인 진여眞如 지평과 접속한 이후에 행하는 선 수행이라야 진정한 선'

원효에 따르면, 선 수행(관행)은 대상/객관에 대한 인식 환각(상분별)을 깨뜨리는 것에 그쳐서는 안 된다. 그 정도는 아직 선의 본격적 국면에 진입하지 못한 단계의 선 수행(방편관)이다. 선 수행은, 유식무경의 유식 도리에 눈떠 마음/주관에 대한 상분별마저 깨뜨릴 수 있을 때라야 본격적 국면에 접어든다.

눈 등의 감각 기관을 의지해 경험하는 객관 대상들(불교철학은 눈으로 보는 형상뿐 아니라 의식의 대상인 지식/기억 등도 객관 대상으로 분류한다)을, 불변의 독자적 본질을 지닌 실체로 오인하는 것이, 대상에 대한 상분별이다. 원효에 의하면, 이러한 '대상에 대한 상분별'이 연기법에 의한 지적 성찰이나 지관 수행 등 37도품으로 망라되는 소승수행법을 통해 깨뜨려지지만, 자칫 '마음' '의식' 등으로 부르는 주관을 실체로 간주하는 '주관에 대한 상분별'은 방치될 수 있다. 대상 상분별을 그치는 '마음'을 실체시하여 붙들 수 있다. 대상 상분별을 '있음有'이라면, 상분별이 그쳐 고요해진 것은 '없음無'이 된다. 이 '없음'을 경험하는 주관을 실체시할 경우, '있음'을 버리고 '없음'을 붙드는 셈이다. 만약 선 수행이 대상 상분별은 깨뜨리지만 주관 상분별은 방치한다면, 그런 선은 아직 진정한 선은 아니다. 그러나 아직 미흡하지만, 주관 상분별마저 깨뜨릴 수 있는 토대가 된다는 점에서 무익하거나 잘못된 것은 아니다. 그런 의미에서 '방편이 되는 선(방편관)'이라 한다.

'주관/의식/마음'을 실체시하는 상분별을 깨뜨릴 때, 진정한 선, 본격적인 선 수행 국면에 접어든다. 그리고 이 주관 상분별을 깨뜨리는 데 필요한 것은 유식唯識의 도리다. '대상 상분별을 그치는 마음'이라는 주관, 객관을 조건으로 성립하는 '주관이라는 범주' 역시, 불변의 독자적 본질을 지닌 실체가 아니라 실체 관념을 일으킨 식識, 분別識에 의한 구성물에 불과하다는 것을 알려주는 것이 유식무경唯識無境의 소식이다. 이 유식의 도리에 눈떠, '대상 상분별을 깨뜨리는 마음/주관'마저 본래 실체적 근거가 없다는 것을 깨닫는 것이 주관 상분별을 깨뜨리는 요결이다.

유식무경의 도리에 따라 선 수행(관행)을 한다는 것은 구체적으로 어떤 내용인가? 인간의 내면에는 언제부턴지 모를 정도의 장구한 세월 동안 형성되고 누적되어 온 '인식의 문법'이 자리 잡고 있다는 것이 붓다의 통찰이다. 세계에 대한 이해와 경험의 방식과 내용을 규정하는 이 인식 문법은, 인간의 개인적, 집단적 선택을 통해 형성된 일종의 경향성인데, 인간은 태어날 때부터 이 문법 경향성을 지니고 있다. 그리고 이 문법의 내용은 쉽게 바꾸기 어려울 정도로 매우 강력한 경향성이긴 하지만, 불변의 확정은 아니다. 인간의 자각과 노력에 의해 바꾸거나 해체시킬 수 있다. 붓다는 이 인식 문법의 속박 상태로부터 빠져나오는 방법을 세 가지 수행법(三學, 戒/定/慧)으로 제시하고 있는데, 특히 중요한 것은 '이해 바꾸기 수행慧學'과 '마음 바꾸기 수행定學'이다.

'마음 바꾸기 수행'의 핵심은, '주관과 객관 현상을 실체로 읽어 들이는 인식 문법에 빠져들지 않는 마음국면'을 수립하여 놓치지 않고 간수해 가는 것이다. 이것이 팔정도 정념 수행이 알려주는 '알아차리기'의 핵심이다(이 문제는 상세한 설명이 필요한 것이지만, 더 이상의 전개는 이 책에서 하지 않는다). 그리고 대승의 유식학은 이 '마음 바꾸기 수행'의 내용과 경험을 이론화시킨 것이다. 따라서 유식무경의 소식에 따라 선 수행을 한다는 것은, '주/객관을 실체로 읽어 들이는 인식 문법에 빠져들지 않는 마음자리/마음국면'을 확보하여 간직해 가는 것이다. 이러한 유식무경의 선 수행 국면이 '이해 바꾸기' 수행에 기초하여 수립될 때가, 선의 본령이 드러난 때이고 참된 선이 시작되는 것이라고 보는 것이 원효의 선관이다.

유식무경의 소식에 따라, 실체 구성작업을 전개하는 인식 문법에 빠져들지 않음으로써, 대상 상분별은 물론 주관 상분별마저 '본래 실체 아닌 것', '본래 실체로서 생겨난 것이 없음'을 아는 마음 지평이 열리면, 무명에 의해 가리고 왜곡되었던 존재의 참모습을 대면하게 된다. 진실이 드러난 지평이 열린 것이다. 이 지평을 진여眞如(참 그대로임)라 부른다. 또 진여의 내용을 공성空性이라 칭한다. 유식 도리에 의해 마음 지평에서 주/객관 상분별을 모두 깨뜨리면, 이 공성인 진여 지평에 접속하게 된다. 이때부터가 선의 본격적 면모를 굴리게 되는 '참된 선眞禪'의 단계다.

대승의 이상적 구도자인 보살의 수행은 사실상 이 단계부터 온전한 면모를 갖추게 되며, 보살 52위로 볼 때는 십지十地의 초지初地로 분류되는 경지부터가 이에 해당한다. 이런 의미에서 원효는 10지 이전의 수행은 '상相분별하는 망상의 세력을 누르는 수행'(분별 종자를 누르는 수행/조복수행, 伏

道)이고, 10지 이후의 수행은 '분별망상을 제거하는 수행'(분별종자를 제거하는 수행, 斷道)이라 한다. 원효는, 『대승기신론』과 『금강삼매경』이 사상 전개의 토대로 삼고 있는 시각始覺과 본각本覺 지평이 열리는 것도 이 단계부터이다. 십지 이전까지의 선 수행이 '비로소 깨달아 가는 과정'으로서의 시각이라면, 십지의 초지 이상으로 분류되는 선 수행은 '비로소 깨달은' 시각이다. 이 '비로소 깨달은' 시각이라야 존재 본래의 참모습 지평인 본각에 통하게 되고分, 이후의 지속적 수행으로써 본각과 통하는 부분이 확대되다가(分의 확대), 마침내 금강삼매를 성취하는 등각等覺 경지에 이르면 시각의 완전성 향상이 정점에 도달하고, 그 결과 묘각妙覺을 성취하여 시각과 본각의 합치가 완벽해진다滿.

이처럼 '공성空性인 진여 지평과 접속한 이후에 행하는 선 수행이라야 진정한 선'이라는 원효의 선관은, 니까야 경전이 전하는 붓다의 정학定學 선 수행을 음미하는 데 매우 중요한 통찰을 제공한다. 붓다에 의하면, 정학의 지도리인 정념正念 수행은 팔정도의 다른 모든 수행 항목으로 하여금 하나의 내용으로 결합되어 전개될 수 있게 한다. 모든 수행을 동일한 지평에 올려놓는 정념의 역할과 그로 인한 수행 본격화 단계는, 유식 도리에 의해 공성인 진여 지평에 접속한 이후의 선을 '참된 선'이라며 중시하는 원효의 선관과 경이롭게 통한다. 달리 말해, 원효의 이러한 선관은 붓다 정학의 깊은 뜻을 탐구하는 데 기여하는 중요한 통찰을 제공한다.

'자기이익과 타자이익을 하나로 결합시킬 수 있는 선'

'공성인 진여 지평'에 접속하여 진행하는 선 수행에서는 두 가지 특징적 면모가 밝아진다. 자아와 타자를 실체로 분리하던 무지의 벽이 무너지면서, 자신과 타자가 마치 한 몸처럼 '서로 만나고' '서로 통하며' '서로 껴안는' 지평이 열리는 것이 그 하나이다. 존재 차원에서의 공감이 열려 '둘 아니게' 만날 수 있는 면모不二가 이 참된 선에서 뚜렷해진다.

다른 하나는, 이 '둘 아닌 만남'으로 인해 자발적 이타심이 자연적으로 솟아나는 면모다. 진여 지평에 접속하여 '둘 아닌' 세상이 열린 선에서는, 자신의 존재 이익을 사적으로 소유하거나 실현하려는 개인적 동기 자체가 해체된다. 진리의 이익을 구현하려는 의지는 이제 '자기이익'이라는 생각을 털어버리고, '둘 아닌 세상 전체의 이익'으로 향하게 된다. 자기이익과 타자 이익을 분리시키지 않고 성취해 가는 면모다.

유식무경의 유식 도리에 따라 마음/주관에 대한 상분별마저 놓음으로써, 주관 상분별과 대상 상분별을 모두 깨뜨리면, 공성인 진여 지평에 접속하게 되어 이 두 가지 면모가 뚜렷해진다. 그리하여 자기이익과 타자이익을 하나로 결합시켜 성취해 가는 것이 바로 선 수행의 내용이 된다. '내가 구제한다'는 생각이나 '중생을 구제한다'는 생각을 일으키지 않은 채, 중생 구제의 이타행을 펼치는 것이 선 수행이 된다. 이 '참된 선眞禪'의 경지는, 보살 52위에서는 십지의 초지 이상으로 분류되는 경지이고, 두 가지 수행방식인 이입(二入, 理入과 行入)으로 보면 '체득으로 터득하기行入'에 해당한다.

이 경지의 선에서는, 선정에 들었을 때入定와 선정에서 나왔을 때出定가 '한 맛'으로 이어진다. 공성인 진여 지평에 접속함으로써 구현되는 '참됨의 밝음과 안정과 청정'이, 입정 때나 출정 때나 유지된다. 선정에서 나와 세상 세간사와 관계할 때라도, 이 '참됨의 밝음과 안정과 청정'을 놓치거나 훼손시키지 않을 수 있게 된다. 흥망이 수시로 부침하는 세간사 속에서 사람과 관계 맺고 일을 처리하면서도, 실체화의 무지로 인한 동요나 오염이 없다.

진리를 추구하는 구도자인 선 수행자에게 세간사는, 중생이 진리다운 이익을 성취할 수 있게 기여할 수 있는 계기이다. 선 수행자가 선정에서 나와 세계와 만나는 것은 곧 중생 교화의 실천이다. 그리고 진여 지평에 접속하게 된 선은, '둘 아니게 보는 마음자리'에서, '한 몸으로 여겨 공감하는 이타심同體大悲心'을, 자발적/자연적으로, 제한 없이 끝없이, 대상에 따른 동요 없이, 역동적으로 펼칠 수 있다. 모름지기 대승보살의 선 수행이라면, 주관과 대상에 대한 그 어떤 언어적 주소도 붙들거나 거기에 머물지 않고 중생교화의 이타행을 실천할 수 있어야 한다. 이러한 능력을 굴릴 수 있는 선이 진정한 선이다. 달리 말해, 선 수행은 이러한 능력의 확보와 실천을 목표로 삼아야 한다. 원효 선관의 역동적 생명력이 여기에 있다.